人事部は見ている。

楠木 新

JN284281

日経プレミアシリーズ

少し長いプロローグ――すべての道は人事に通じる

平成○○年度人事異動

平成○○年3月1日午前9時過ぎ、全フロアーを一目で見渡せる大手電機メーカーの本店14階にある法人営業本部。

外はまだまだ寒さが残り、オフィスの窓からは、強い風が皇居のお堀端の木々を揺らしているのが見える。いつもは顧客先に直行する社員や朝一番の他部課との打ち合わせで席を外している社員が多いのに、この日はなぜか全員がそろっている。

15人前後の営業メンバーがいる部が12部と、総務や営業事務を行う2つの課を含めて総勢200人の社員の様子は、なぜかぎこちない。毎日通ってくるヤクルトの女性は、この日の雰囲気がいつもと違っていることにすぐに気がつく。

フロアーにいる全員が、今開かれている部長会の終わりを待っている。部長に要件があるのではない。彼が持ちかえる異動内示書に関心があるのだ。

朝9時からの部長会の議題は、「平成〇〇年度　人事異動について」のみである。人事担当役員である専務取締役が来年度の定期異動のポイントを説明する。その横の机には、人事部長とともに昨日遅くまで内示書の仕上げに取り組んだ3名の人事部員が座っている。一番若い部員は連日の疲労からか目の周りにクマができている。同時に肩の荷を下ろした爽快感も3人の表情から読み取ることができる。会議に出席している部長たちは専務の話を真剣には聞いていない。専務の話す一般論よりも個別の異動内容に関心があるからだ。

9時半に会議が終わると、12名の部長が、A4判の冊子を手にして自らのオフィスに一斉に戻ってくる。彼らも今日が特別な日であることをあらためて実感する。なお部長自身は上司である担当役員から自分が留任するか、転任するかは事前に聞いている。

ヤクルトの女性は、今日は誰も自分に声をかけてくれないし、話しかけても普段のような冗談まじりの反応は期待できないことを知っている。毎日同じ商品を買っている社員の机の上にその飲み物を置くだけだ。この会社に通いはじめた頃は、なぜこの日だけ様子が異なるのかが分からなかったという。

内示の伝達は悲喜こもごも

席に戻った部長は、まず内示書を自分の机の上に置く。このときにフロアーの緊張感は最高潮に達する。

ページをめくりながら自分の同期や部長仲間の内示結果を確認する人もいれば、すぐに部下を机の横にある応接セットに呼び出して結果を伝える部長もいる。

名前を呼ばれると、思わず背広の上着を着ようとして、部長に「(上着は)必要ないから」と言われる若手社員もいる。部のムードがピリピリしているので思わずそうしてしまうのだ。

4月1日付けの内示を受けた部員は、部長からその趣旨や新しい職場についての説明を受ける。転居を伴う場合には、住まいの手配について話すこともある。

海外勤務の内示を受けて、「俺はこの営業の仕事で上がっていくしかないのだ」と自分に言い聞かせながら、家族と一緒に行くか単身赴任にするかに思いをはせる課長、課長職への昇格がかなわず横すべりの異動になった男性社員、年末に提出した自己申告書通りに希望する部に移る若手社員、30年の勤務を終えての出向内示に肩を落とす50代社員、来年度もこの職場で働けることにほっとした様子の女性社員など、悲喜こもごもである。

普通に考えれば5割の満足、5割の不満になりそうだ。しかし実際に内示に満足している社員は、2~3割である。昇格の内示を受けて嬉しい反面、次の職場での不安が大きくて複雑な気持ちのまま部長の話を聞いている社員もいる。

部内の各メンバーは無関心を装いながらも、呼ばれた本人がどのような様子で自席に戻ってくるかをしっかり見ている。

部下にまず結果を伝えるというのがこの面談の目的なので、仕事の引き継ぎなどの話は後日にあらためて行う。もちろん職場が変わらない社員は一声かけるだけで終了する。

朝からの緊張した時間の長さに比べれば、結果の伝達はあっけなく終わる。職場を変わる社員は4人に1人程度なので、長くても30分もあればこのセレモニーは終了する。

一日人事課長が現れる

しかしこれですべてが終わるのではない。むしろ始まりなのだ。内示の終了後にすぐに社外の顧客先に向かう社員はごく少数だ。

昼食時の喫茶店での話題は、もちろんこの日の人事異動である。いつもは気楽に談笑している男性社員たちは交わす会話に力が入っている。一定以上の年次になれば、同期入社組のことも気にかかる。この会社の社員たちは、入社年次ごとの横並び意識が強い。

昼食を早く終え、部長の了解を得て内示書と首っ引きになる社員もいる。

「同期のAは課長に昇格したか。先を越されたな。Bはそのままだ」

「おっ、元上司のCさんは地味な職場に移った。左遷か？」など同期の顔や過去に一緒に仕事をした先輩の記憶を呼び起こしながら読み込んでいる。

内示書は冊子になっているので分割して読むことができない。前の社員が目を通し終わるのを手持ちぶさたで待っている社員もいる。この日、会社内のベストセラー書は間違いなく彼の目の前にある異動内示書だ。

午後になると、社内に人事評論家や一日人事課長が誕生する。単なる情報交換だけではなくて、彼らなりの講釈も垂れるのである。

「あの人は、前の部長とは相性が合わなくて、かつて地方に飛ばされたことがある」

「彼の昇格は、役員のAさんのヒキだよ。彼が新入社員のときに、係長だったのがAさんなのだ」

社内の有名人や先輩の誰某は何年入社で、管理職にはどの年次で上がったかなどもすべて彼らの頭のなかに入っている。事実関係だけでいえば人事の担当者よりも詳しい。何しろ入社以来ずっと関心を持ち続けているからだ。

周りの社員も彼らの話に興味を持って耳を傾けている。信憑性には疑問を抱いていても、自分の人事異動のとらえ方を再確認しているのだ。

この日の午後からは、同期入社の友人同士や異なる部署の社員がことあるごとにオフィスや廊下で内示情報を語り、相手の話に聞き入る。他人のことを語る社員の表情はなぜか嬉しそうだ。情報を収集するために各職場を廻る社員もいる。もちろん業務という名目のもとではあるが。

この日の各職場の写真を無作為で大量に撮ったとしたら、人事評論家の誰某は、すべての職場にその姿が写っているかもしれない（笑）。

サラリーマンの一番長い日

この会社では、人事異動の一斉内示は金曜日に行われる。社員の関心の高まりに冷却期間を置いて、翌週の月曜日からは仕事に集中させるためである。

また異動にかかわった3人の人事部員は、終業の5時になると一斉に人事部のオフィスからいなくなる。各所属長からの異動についての申請や依頼にすべて応えることができなかったので、所属からの不満や不平、再要望に対しても冷却期間を置くためだ。月曜日の朝まであえて仕事を持ち越すのである。

終業後の会社近くの居酒屋は、異動の話題でもちきりとなる。もっとも、自分たちのことは、最初に口の端にのぼるだけで、話題の中心は、あくまでも他人の行き先や昇格である。女性社員は一緒に仕事をしているメンバーに対しては関心があるが、それ以外には興味を示さない。

家に帰るとその日の結果を家族に報告する。子どもたちの転校先について妻と相談するケースもある。社内では口に出せないグチを妻にこぼしてみたり、昇格できなかった悔しい思いを子どもの寝姿を見ることで慰められる社員もいる。

こうしてサラリーマンの一番長い日は終わるのである。

現在は、人事異動もパソコンを通じて各部長に連絡されるので冒頭に書いた場面は多くのオフィスから姿を消した。しかし人事異動に対する関心の高さは今も変わらない。

すべての道は、人事評価、人事異動に通じる

もうかなり前の話だが、私がある総合商社の財務部にうかがったときに、壁にかかっていた3月のスケジュール板に、「○○証券・人事異動」と書いてあることに気がついた。

「なぜ大手の○○証券の人事異動日がスケジュール表に入っているのですか?」と聞くと、「その日は、午前中に人事異動があるので、午後からは相場が動かないからさ」と財務課長が冗談まじりに語ってくれた。この証券会社も昇進や転勤の話が飛び交い仕事にならないということらしい。

また先日、あるサービス会社の人事課長から新入社員の配属発表の話を聞いた。

1カ月間の集合研修を終えて、およそ100名の新入社員は本社の大会議室に集まる。人

事課長が1人ずつ名前を読み上げ、それに応じて各新人は起立する。そして課長から配属先の職場を聞いて着席することになっている。思いもよらない地方支店勤務を命じられ、人事課長に対して「ありがとうございます」がうまく言えない新人もいる。

希望していた広報部門で働くことになって喜んでいる女性や、「都落ちだ」と落胆する人、つき合っている彼女と離れずに働けると喜ぶ男性社員など、ここも悲喜こもごもである。

発表後の昼食時は、誰がどこの職場に行くかの話でもちきりである。短い期間とはいえ、同じ釜の飯を食べた同期との間では連帯感も生まれている。ほかのメンバーの行き先も大いに気になるらしい。

会社のなかで、スポットライトを浴びる部署とそうでない部署があるのは新入社員でも、なんとなく感じている。たとえば人事部に配属になった者は、やはり同期から注目を浴びるという。

冒頭の人事異動やこの配属発表の話を読んで、皆さんはどのように感じるだろうか？

「そうそう、あるある」と思う人もいれば、「ちょっと昔の話じゃないの?」と感じる若手社員の方もいるかもしれない。受け止め方に違いがあるのは、働く会社ごとの違いでもあるし、日本における社員と会社との関係が変化していることの表れでもある。

私はかつて企業で人事関係の仕事に携わっていた。そして痛感したのは、組織で働く人がいかに人事評価や人事異動に関心を寄せているのかということだった。

すべての道は、人事評価、人事異動に通じているのである。

「会社学」「人事学」のススメ

かつて通った社会人大学院での最初の授業で驚いたことがある。教授が論じる経営学の内容は整理されていて、理論的には正しいことが述べられていた。しかし大手企業の企画部門を経験した私から見ると、現実の仕事内容と経営学の議論には隔たりがあった。

同じ教室で机を並べていた中小企業のオーナーは、授業で話されている言葉がまったく分からないとつぶやいていた。経営学と実際の経営とはまったく別物なのだと講義のあとで彼と話しあった。

またジャーナリストが企業の人事について書いた記事を読むと、何か現場の空気感が感じられないことがある。

その理由の1つは、人事部長はホントのことを語っているという前提で書くからである。もちろん嘘をついているわけではない。ただ彼らは、一人の生身の人間としてではなく、その役割、立場から話をしている。

たとえば人事部長が採用について語るときは建前であって本音ではない。アンケートなどに答えるときも同じである。自分がどう感じているかというよりも、どのように相手に受け取られるかを考えて回答するからだ。

体系だった学問を築くために研究を重ねることは意味があるし重要なことだ。ジャーナリストが企業の人事責任者の見解を正確に伝えることも大切だ。ただ論理にこだわりすぎたり、組織での役職や立場を十分に理解していないと、実態から外れる話の部分が大きくなる。結果として説得力を持たなくなるのである。

人事のように、人の気持ちとか、人間全体が丸ごとかかわることは、なかなか理屈や論理だけではとらえきれない。むしろそこからこぼれ落ちてくるところが大事だと思う。矛盾を抱える人間の集団を扱うには、正しいことがストレートに役立ちはしないと思ったほうがよさそうだ。

それでは、どのように考えていくのか、どのような方法論があるのだろうか。

これに対する回答は、現場で働く者の感覚と学問的なものを擦り合わせ、融合させるなかからしか生まれないだろう。

組織で働く会社員、経営者、さらには学者、ジャーナリストなどが互いの立場をぶつけ合うことによって、新たな場を作り出す必要がある。あえて名づけるとすれば、「会社学」「人事学」とでも言うべきものが求められているのだ。

本書では、ビジネスパーソンに、「人事」の仕事の実態を理解していただき、自分自身のキャリアを考える際に役立てていただきたいと思っている。また人事の仕事に携わる方々には自らの仕事を振り返る機会になれば大きな喜びである。

人事部の役割・機能を実態とともに探求することは、大げさにいえば、会社法で議論される企業統治（コーポレートガバナンス）について理解を深めることにもつながる。また経営学や会社法の理論面の隙間を埋める作業にもなるだろう。

本書を執筆するにあたっては、私自身の狭量な見解に陥ることを防ぐために、今回数多くの人事担当者に話を聞いた。大手企業の（元）人事担当者や（元）人事部長が中心であるが、省庁の元秘書課長、中小企業の人事担当者、外資系企業の人事責任者にも協力いただいた。

彼らは、普段の仕事では自らの考えを発信することはない。ところが私のインタビューに対しては熱意を持って人事の課題について語ってくれた。彼らの仕事に対する真摯な姿勢を感じた次第である。あらためて感謝申し上げたい。

また労務行政研究所には、人事担当者や一般社員に関するアンケート資料を検討する際に大変ご協力をいただいた。ここに御礼申し上げたい。

目次

時代によって人事評価の尺度も揺れている
目標管理だけでは真の評価はできない
評価されるポイントは職場内での評判？
チーム仕事と一匹狼の功罪
力量のある社員を優遇すればよいわけではない
日本の中間管理職は会社の外部者？
昇格させる人は転勤させ、配置転換もする
どこにでも行く、どんな仕事もこなす社員
女性の働き方は変化してきた
役員を選ぶ基準は忠誠心
社長は一番仕事ができるサラリーマン？
支店長ポストを１００万円で買う
結果的にエラくなる人と長く一緒にやれる能力
まずはエラくなる人と「出会い、知り合う」こと
大手企業の内部管理機構で活躍できる能力

第五章　正義の味方はしっぺ返しを受ける

第六章　曲がり角に立つ人事部

第　一　章

人事部は何をやっているのか

いつだって評価は割り切れない

私はこれまで、ビジネスパーソンから新たな世界に転身した多くの人にインタビューしてきた。その際、会社での人事評価について考えさせられる場面が何度かあった。

激務に耐えてがんばっていたが支店長からの評価が得られず、思いもよらない出向を言い渡されて、2、3年悶々とした気分を経験した都市銀行の副支店長、管理職試験での役員面接で「君の発言は、教科書みたいだなあ」との指摘に立ち往生して試験に失敗した技術者など、会社や人事からの評価をきっかけに異なる世界に転身した人が少なくなかった。

オフィス街の昼休みの喫茶店では、「人事の評価にこだわらずにやるしかない」だとか「出世なんて関心がない」といった会話が時々交わされている。本当は人事が気になって仕方がないから口をついてこんな言葉が出てくる。関心がなくて割り切れているのなら何も話さないはずである。

会社からの人事評価は、反論があっても変更させることはできない。人事は運や縁にも支配されるし、評価の基準も突然変更されることがある。上役との相性に基づく「ヒキ」も関係する。評価をする側の好悪の感情から完全に逃れることもできない。思いのままにならないことばかりである。

このように不条理で、理不尽と感じていても、自分に対して下された評価から逃れることはできない。理屈のうえでは、組織からの評価にすぎないと分かっていても、それに代わる自分の基準を持っていないのでなかなか割り切れない。おまけに人事評価は給与の額や役職も決定するので、プライド面だけではなく金銭的な収入にも直結している。なんともやっかいだ。

私は会社で、人事部に在籍したことがあり、部下の人事考課をする仕事にも携わってきた。そういう私も、人事部からの評価にいつも泰然としていたわけではない。不愉快千万と憤ったこともあれば、上司に感謝した場面もある。

会社員が、そんな人事部の仕事や評価制度、その運用がどのように行われているのかについて理解を深めたり、人事部の役割を考えたりすることには意味がある。会社の自分に対する評価をどのように受け止め、どう対応していけばいいかに深く関係しているからである。

人事部は、フリーハンドを持っていない

第二章で詳述するが、労務行政研究所が行ったアンケート調査を見ると、一般のビジネスパーソンは人事部門に対して厳しい意見を突きつけている。

これにはいくつかの理由があるのだが、その1つは、人事部がすべてを決めていると一般社員が思っているからである。

取材するジャーナリストも、人事の仕事が人事部のなかで完結していると誤解しているケースがある。たとえば人事評価制度の目的は、社員の能力測定と査定であると決めつけていて、「人事評価は企業経営の反映である」という視点が弱いのだ。

私はたまたま人事部門と企画部門のどちらも経験したので、人事の運用が経営と密接に関係することは日々感じていた。プロローグに書いた定例の人事異動を例にとれば、まず組織をどうするかという経営上の議論をして組織を固めたうえで、そこから人材の配置が始まるのである。

また権限を持つ人事部であっても、各職場の配置構想や異動構想を無視することはできな

い。というよりも、各職場の構想が前提にあって、各所属と人事部とが調整しながら異動を決めているのが実情なのである。決して人事部がフリーハンドを持っているわけではない。

かつて成果主義の導入が検討された際にも、本来は経営レベルの議論から始めるべきなのに、給与改正という人事レベルの話、たとえば受け取る給与の増減、成果を把握する技術的な制約など、報酬の話題や評価の仕方が先行した。その結果、成果主義導入の意味や意義についての議論を深められなかった企業が多かった。

すべてが人事部主導で行われていると誤解する社員が多かったので、人事制度の改正のなかに成果主義の意味を求めようとしたのである。成果主義が成立するためには、社員自身の職務設計の自由度が確保される必要があるが、そのことに関する議論はほとんどなかった。

「やはり企業は、経営方針を明確にしないといけませんね」

人事部がすべてを決めているという誤解が生じるのは、逆にいえば、経営方針が従業員にまで行き渡っていないからだといえるかもしれない。具体例を紹介しよう。

厚生労働省が、メンタルヘルスケアの担い手として養成している心理相談員の研修プログララムに私が参加したときのことである。その研修の講師として登場した産業医の発言に興味を持った。

彼が委嘱を受けていた印刷機器のM社が経営危機に陥り、個性ある経営者で有名なK社がM社を救済することになった。その産業医のもとには、M社から10人ほどのメンタル不全の社員が相談に来ていたが、K社がM社の社内改革に大鉈を振るったところ、そのうち5人は回復したという。

10名の社員は、会社に残るか去るかを前提に、自らやるべき仕事を会社から突きつけられた。そのうち半数の社員は心構えを切り替えることができたので回復したのだろうと彼は話していた。

講演の最後にその産業医は、「倒産から多くを学んだ。やはり企業は、経営方針を明確にしないといけませんね」としみじみと語ってもいた。

昨今人事部門の課題にもなっている会社員のメンタルヘルスを正面から見据えると、マネジメントの根幹部分と密接にかかわっている。メンタルヘルスにかかわる議論で、「組織のトップの姿勢が大事」という指摘がよくあるのは、経営方針やトップの姿勢が各社員に直接影響を与えていることを指している。

こうして考えると一般社員の批判・不満をそのまま人事部のせいにするのは酷である。その原因は、組織のトップの姿勢や経営方針に求めるべきなのだろう。産業医が喝破したように、明確な経営方針というものが重要なのだ。

やるべきことは、異動と評価と……

一般のビジネスパーソンが、人事と聞いて、すぐに頭に思い浮かべるのは、人事評価（どう評価されるのか）と人事異動（どの部署で働くのか）であろう。

人事評価は、各人に対する勤務評定であり、個人への伝達で一応完結する。個々の社員は自分自身の評価を自らは話題にしない。そのため外部からはその内容は分かりにくい。

一方、人事異動は、その内容がオープンになるので、他人も興味を持ちやすい。その理由を探っていけば人間関係のパズルを解くかのような面白さも加わってくる。だから「一日人事課長」が生まれるのである。昇格や降格も明らかになるので、会社や上司からの評価が公開されているともいえる。転勤になると自分や家族の生活基盤にも直接影響を受ける。だから自分の異動も他人の異動も大きな関心ごとになるのだ。

もちろん人事の仕事は、評価と異動の2つだけではない。人に関する幅広い仕事を受け持っている。ここで人事部の仕事を概観しておきたい。

人事部内のグループ分けに沿って整理すれば次のとおりである。

人事部の主な仕事

①社員の異動や人事評価（考課）
②給与や退職金、労働時間などの社内の労働条件
③労働組合との交渉
④将来に向けての人事制度を企画・立案
⑤給与管理や勤務管理、システム対応などの総務
⑥新卒採用や中途採用
⑦社内研修全般
（⑧再就職の斡旋）

各仕事の重みや配置される人員の割合は、会社における人事部の位置づけによって異なる。

労働集約的で、労働組合との関係が経営に大きな比重を占める場合には、②や③の労働条件や労働組合との交渉が重んじられる。またＩＴ産業などに見られる急成長の若い企業では、⑥や⑦の採用や研修の業務が重視されるだろう。

社員数が少ない会社では、①から⑦までの業務を人事部全員で担当しているケースもある。このほかに福利厚生や労働災害などの社会保険の仕事や会社の総務部的な役割を担っている組織もある。

権限という点に目を移せば、評価・異動の権限を人事部が握っている場合もあれば、本部長が持っていて、人事部は、全体の調整やとりまとめだけを行うケースもある。この場合の人事部は、各本部長のサポートや社員に対するサービス機関としての位置づけが中心となる。

人事部員だって嫌われたくはない

いろいろな業務を果たすために求められる人事部員のキャラクターにも違いがうかがえる。

まず異動や考課を担当する人事部員には、コミュニケーション能力とバランス感覚にすぐれた人が求められる。仕事に取り組む姿勢が真摯で誰に対しても公平であること、またそのように外部から「見えること」が大切である。

第五章で述べるように、人事部員と各ラインマネジャーとの緊密なやりとりがこの仕事の死命を制する。コミュニケーションが大事なことは労働組合の窓口でも同じであるが、彼らよりもより細やかさが求められる。扱う対象が、個々の社員の仕事人生に直接関係しているからである。特に転居を伴う転勤が頻繁にある会社では、社員に与える影響は大きい。

管理職のポストや課の定員はあらかじめ決まっているので、1人の異動が生じるとその後任をあてがわなければならない。定期異動では次々と玉突きが生じて、芋づる式に異動が発生する。しかも昇格者や降格者も生まれるし、出向、病欠、育児休業などで対象者から外れる社員もいる。さらに組織の改正などが絡むこともあり、複雑な連立方程式を解くような作業が求められる。この面でも担当者にはバランス感覚が必要なのだ。

もちろん人事異動は、単に人を動かして組織に人をはめることが目的ではない。経営的には、各組織に対する大きな刺激策になる。またそこで働く社員が仕事の幅を広げて能力を開発するための有効な施策でもある。

「家を建てると転勤の辞令が出る」などの俗説が社員間で語り継がれていることもあるが、実際にそういう運用をしている会社は皆無だろう。結果としてそのような例が生じるのだ。人事担当者も人の子、嫌われたくないのが本音である。

個別の人事では、就業規則上の賞罰についても運用を行う。スポーツで優秀な成績を収めたチームや個人を表彰することもあれば、業務上の不祥事に対して懲戒処分を行うこともある。

社員の誰も知らない就業規則

社内の労働条件に関する業務を担当するには、労働組合と取り交わす労働協約や社内の基本規定である就業規則などを管理する必要がある。労働集約的な企業の場合は、人事部と経営との関係が深くなる。賃金規定自体が会社存立の基盤になっている会社もある。規定と実態とのギャップが常に課題になり、かつ規定と運用の整合性も求められる。

労働法規に関する代表的な判例も理解しておく必要がある。そういう意味では法学部的な発想がフィットするのだ。過去のいきさつや実際の適用事例も把握しておかなければならない。このため一人前になるには一定の時間を要する。

仕事の性格上、③の「労働組合との交渉をする窓口機能」や④の「人事制度を企画・立案する機能」とは密接に関係するので同じグループで担当していることも多い。

労働協約や就業規則などの諸規定の改廃、管理を担当するので、人事部内の総合窓口の機能を果たすこともある。残業管理や最近よく取り上げられるようになったワークライフバランスについても担当している。

就業規則は、職場における労働条件や諸々の規律を定めている。しかしその存在すら社員に知られていないことが多い。実際の運営は社内規定よりも職場のルールが優先しているからだ。

就業規則を読み込んでいるのは、人事部と労働組合のメンバーを除いては、会社の経営を批判しようと前のめりになっている社員や何か会社にやましいことがあって解雇などの懲戒処分を受けることを恐れている社員くらいかもしれない。

ただ労使間、または会社と社員との間でトラブルや懲戒の事例などが生じると、労働関係法規や判例とともに、就業規則の規定の解釈が重要なポイントになる。

交渉をまとめるしたたか者の仕事

労働組合との団体交渉を担当する人事部員は、当然ながらかけひきや揉め事が嫌いでないタイプが多い。なかには煮ても焼いても食えない感じの人もいる。原則論にこだわるよりも着地点を見ながら柔軟に交渉するしたたかさが彼らに求められる。経営トップの思惑も測りながら労働組合とやりとりするのである。だから自分の見解に固執する上司が着任すると、労働組合との下交渉をする部下は苦労する。

労働組合と交渉する人事担当者同士の会合に出ると、落ち着いた大人の雰囲気で議論が進む。明るく人懐っこいムードが前面に立つ研修担当者や採用担当者の集まりとは対照的である。

若い頃に、この仕事をした人事部員が交渉相手の労働組合の幹部に転じて、会社で順調に出世の階段を上っていくこともある。

インタビューに協力いただいた一部上場メーカーの社長経験者は、「かつては経営の最も重要なポイントが工場の安定的な操業だった」と語り、人事の仕事といえば、労働組合との交渉を意味した時代もあったらしい。当時は、労使間でイデオロギーの対立もあってストライキも珍しくなかったからだ。戦後まもなくして始まった大規模な労働争議も彼の記憶に残っていたのだろう。

今では工場のオートメーション化が進み、技術教育や研修が人事の仕事の中心になっているそうだ。

制度を企画する理論家は何を考えているか

人事制度の企画・立案を担当する人は概念的な思考を好む傾向がある。制度の有効性を理論的に考えていく必要があるからだ。

特に大企業の場合は、人事制度の改正の効果を社員に直接確認できないので数値や理屈で正当性を根拠づけようとしがちである。

一方、社員数がそれほど多くない中堅企業では、社員一人ひとりの顔つきや仕事ぶりが頭に浮かぶ。パソコンを活用してシミュレーションを繰り返せば、改正の影響を個人ごとに把握することが可能だ。

新たな人事制度の実施までに案件が数年にわたることもある。異動・考課・採用・研修などの仕事が、長くても1年サイクルで進んでいくのとは対照的である。

1990年代後半からの最も大きなテーマは、会社が実施するリストラをいかにして人事制度にのせて実現するかであった。希望退職者の対象者の範囲や選定をどうするか、退職金の加算金の水準は年収の何割がいいのか、転籍出向の労働条件をどのように決めるかなどのデリケートな課題を伴っていた。社員が次の仕事を探すことを支援するアウトプレースメント会社と連携して制度に取り込む例もあった。制度の検討以前はそういう会社の存在すら知らない人事部員もいたのである。

労働組合との交渉のなかで当初想定した改正の意味合いが変化することもある。また社員に対する不利益変更だと指摘されるリスクを回避するために、給与に保障制度を組み込むケースもある。理論的な検討だけで最後まで制度改正を押し通せることはむしろ少ない。

昨今は、公的年金の支給年齢の引き上げも絡んで、定年延長や再雇用制度を設定する会社も増えてきた。再雇用者の認定要件や担当する職務の開発なども検討する必要がある。

給料を支払うための縁の下の力持ち業務

勤務管理や給与管理は、採用や異動に比べると地味な仕事である。毎日や毎月の積み重ねが重要で縁の下の力持ち的な仕事である。

個人情報の取り扱いに直接かかわらない仕事、たとえば所属照会への対応、給与計算、勤務管理などは、ＩＴ化が進みアウトソーシングの対象にもなっている。

昨今ではシステム関係の仕事の重要性は益々大きくなっている。人事案件も例外ではなく社内外のシステムにかかわる人々と協力しながら運営する必要がある。諸制度の改訂や労働条件の変更も織り込みながら経理部門と連携して給与・賞与や退職金の支払いを間違いなく行わなければならない。そのためには彼らの地道な作業が欠かせない。

最近では職制変更や人事制度・給与規定の改訂を行う会社が多いので、それらの内容をきちんと給与明細に反映させなければならない。間違えると社員に対する追加支払いや戻入が生じることになる。

労働基準法では、給与の支払いについて、「全額払いの原則」「毎月払いの原則」「一定期日払いの原則」などがあるので法的にも抵触せずに業務を遂行することが求められている。

採用担当者に共通する性格

採用を担当する人事部員は、明るくて、感じのいい人が多い。採用担当者の魅力が、応募してきた学生や中途入社の社会人を惹きつける要素になるからだ。

採用の仕事は、異動や考課、労務対策、人事企画などからは、比較的独立している。基本的には社外の人が対象だからである。このためコンサルタント会社が企業からの依頼を受けて採用業務に携わることもある。

実際の採用では、経営陣から具体的な指示を受ける場合は稀で、役員面接などは行わない会社も多い。若い社員に任せたほうがうまくいくとの判断があるからだ。ただ取引先などからコネ入社の依頼を受けることはある。

多くの企業では、新卒採用は人事部員が最終的に決定する。一方、中途採用では即戦力としての見きわめが必要なので、各部門の管理職と一緒に面接するケースが多い。

現実の採用においては、その会社の持つ社風が採用結果に大きく影響する。「会社の仲間として一緒に働くことができるかどうか」が採用の基準であるからだ。入社希望者から見れば、面接者との相性とともに社風との相性も合否のポイントになる。

エリートコースと目されることも多い

研修を担当する社員は、明るくて人懐っこいタイプが多い。心理学やコーチングに興味を持っていたり、新入社員の成長を心から喜ぶなど、人に対して関心がある。女性社員に対する研修ニーズから、昔から女性の役職者が活躍している例が多い。

新入社員研修や定年前のライフプラン研修のように、年代に応じた研修もあれば、課長、部長などの役職別の研修、および管理職の登用に絡めた研修もある。研修担当者は気軽に誰とでもコミュニケーションがとれるタイプが多く、研修で出会ったことをきっかけに、長くその社員とつきあう人もいる。社員のほうも研修担当者なら気楽に話ができる。

採用と同じく、ほかの人事の仕事とは比較的独立している。しばしば社外機関やコンサルタントに研修を委嘱するのは、そのほうが受講する社員にとって刺激があり、説得力を持つことが多いからだ。

研修の内容には、それぞれの会社の特色が現れる。各社の研修講師を長く務めたプロに話を聞くと、研修の内容や社員の雰囲気を見れば、その企業の個性や将来性が分かるという。

この採用と研修の業務を人事部から分離して、人材開発部や能力開発チームなどの名称で別組織にしている企業もある。この組織に女性活性化推進チームなどを含んでいる会社もある。

これらの①から⑧の役割を担う人事部は社内でも中枢の部門と位置づけられていたり、そこで働く社員はエリートコースにのっていると目されている場合も少なくない。人事権限を握っている人事部では特にそうである。また経営層にも比較的近く、人事部員のモチベーションは総じて高い。

経営方針と人事と組織との連動

前述の成果主義の議論で述べたように、人事部や人事の仕事にしか視野が及んでいないと、往々にしてそのなかにすべての解答を求めがちになる。しかしながら現実には、人事の仕事は経営方針や組織に大きく規定されている。

経営トップと各組織との指揮命令系統や情報共有化は、人事マネジメントとも密接に関係してくる。というよりも人の要素を除いた指揮命令系統や情報共有化の議論はあくまでも机上の空論にすぎないのである。

こうして見てくると、人事の課題や人事部の組織だけを取り出して議論をしても、本来の人事マネジメントの理解にとっては、あまり意味がないことが分かる。経営的な視点、人事と組織との関係も考慮に入れて検討しなければならない。イメージで示すと、(図1)のとおりである。

各企業は、事業を発展させるためには、自らの経営ビジョンを描きながら、どのような組織を受け皿にして、どのような能力を持った、どのようなタイプの社員をどう配置するかの

図1 人事部の役割とは何か

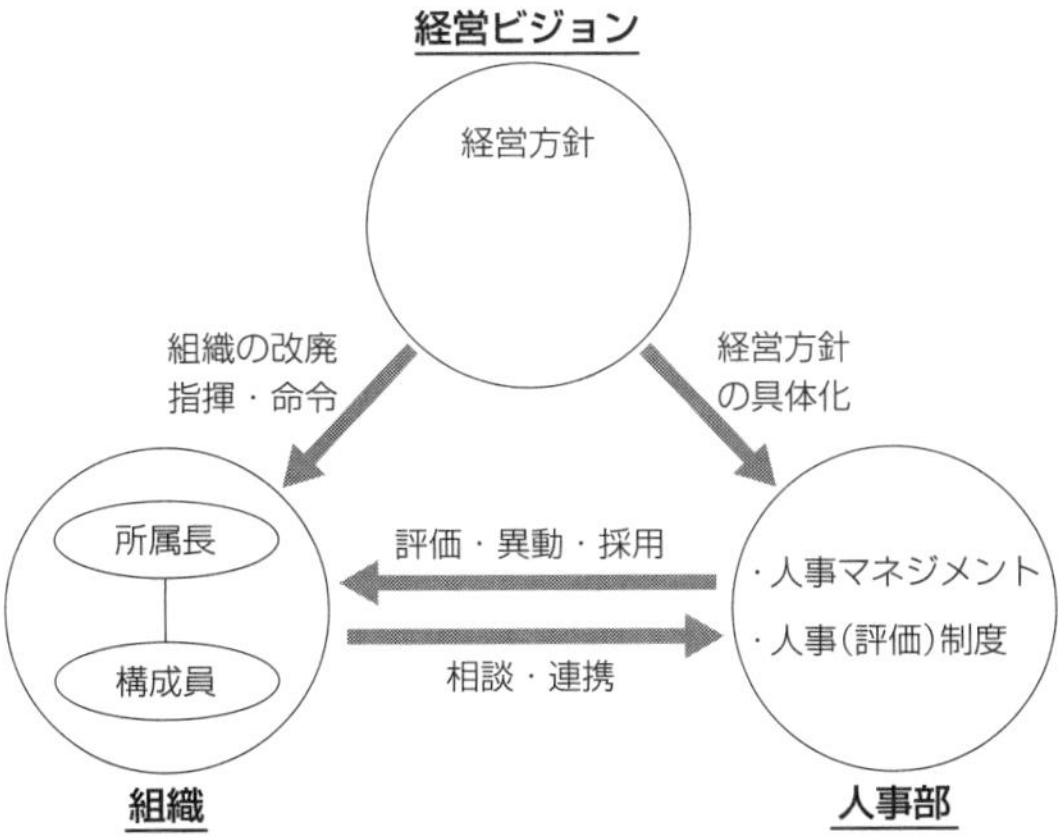

検討が不可避なのである。

それらを受けて、人事制度を作成して、評価のポイントを社員に示し、人材を組織に配置していく。また将来を見据えながら新卒採用や中途採用を行い、研修で人材を育てていくのである。

もちろんこのトライアングルの形やバランスは会社の経営目的によって異なる。たとえば、分単位での電車の安全走行を確保しなければならない電鉄会社が求める人材像と、ゲームのコンテンツを生み出す会社が必要とする人材は異なる。仕事の評価基準のみならず組織のあり方やラインマネジャーの役割も違ってくるのだ。

本書では、「経営ビジョン・経営方針」「組織（所属長とその構成員）」「人事マネジメント・人事評価制度」というトライアングルの関係を考慮に入れて、人事部の役割を考えていくことにしたい。

第　二　章

考課と異動の不満の矛先

公平な人事異動をしても7割は不満を持つ

思い出すのは私が初めて支店次長に着任した十数年前のことである。

この支店では数年間女性社員の仕事を変えておらず、男女雇用機会均等法の関係から女性の役職登用が求められていたこと、育児休業の取得が本格化したこと、などが重なって女性事務社員40人ほどの異動を支店内で行わなければならなかった。

そこで支店の役職者や営業担当者にもヒヤリングをして、過去の人事評価の書類もすべて丹念に読み取った。もちろん全員に対して個別に面談を行い、日常の業務に関する話を聞きながら異動希望の有無も確認した。

当時は、課長職に上がったばかりで、私も張り切っていたのだろう。深夜に自宅の風呂の湯船に浸かりながら「こういう考え方もあるぞ」とか、ああでもないこうでもないと思いを巡らせながら検討した。

大幅な人事異動だったにもかかわらず、支店の日々の業務も支障なく進み、安心していた。ところが思いがけないことに気がついた。

私が決めた人事異動はまずまずの出来栄えだと自信があったのに、対象者である女性事務社員の7〜8割くらいが、その内容に不満を持っていたのだ。

「私はいつも仕事量の多い営業所ばかり担当になる」

「私が支店に戻れば、同僚のAさんよりもチームをまとめられるのに……」

「現場（営業所）での私の働きぶりは支店では分かっていない……」

あれほど全力を投入して決めたので、不満の割合は5割であってもいいかと思ったがそうではなかった。男性社員とは違って女性の事務社員はストレートに本音を語ってくれるので、その反応を確認できたのだった。

彼女たちの話に耳を傾けながら分かってきたことがある。各社員は周囲が見るよりも自分のことを高く評価していたのである。だから7〜8割が不満を抱いていたのだった。

「私なんてとても力不足ですから」と謙遜する女性社員でも、それは重い仕事を避けたい気持ちから言っていて、自分に対する評価はやはり周囲のそれより高く見積もっていた。一方、面白いことに、同僚に対する異動については、彼女たちは問題なしと判断していたのである。

人は自分のことを3割高く評価している

繰り返しになるが、役職者や営業所の上司の話を聞き、過去の勤務評定も確認した。また本人の意見も直接聞いて調整したのである。

相性や好き嫌いがあるにしても、人事担当者がある程度バランスのとれた人材であればおかしな人事異動は行われていないはずだ。それでも半数をはるかに超える不満が出るのは、やはり各社員が自分のことを高く評価しているからである。

その支店の人事を行った2年後に、堀田力氏の著書『堀田力の「おごるな上司!」』のなかで、「人は己の能力を2割がた高く評価している」と書かれているのを読んで、まったくそのとおりだと納得したのである。当時から私は3割だと主張していた。

上司だけではなく、部下や同僚からも人事の評価を行う「360度評価」を実施した会社の報告書を読んだことがある。そのなかで、同僚が一番厳しい意見をする傾向が強いという内容に興味を覚えた。これも、周りの同僚よりも自分のほうがよくできると思い込んだ結果であると思われる。上司に対する歯の浮くような台詞に、周囲は違和感を抱いても、言われた上司は自然に受け止めることがあるのはこのためである。

タレントの島田紳助氏が、「(ライバルの）誰かにちょっと負けてるなあと思ったときは、だいぶ負けている」と自身の著書*に書いているが、さすがに分かっている人だと感心したものだ。評価する側とされる側にはもともとギャップが存在するのだ。

ただ先ほどの堀田氏も「自ら高く評価すること自体は、自信を持って仕事にあたれるという意味で別に悪いことではないし、むしろいいことです」と述べている。人は自己肯定感がなければいきいきと生きていけない。だから「客観的に自己評価をせよ」と求めすぎると、その人の良さを殺すことにもなりかねない。

しかし人事担当者や部下を持つ管理職が、これで無罪放免ということではない。仮に誰もが3割程度自分のことを高く評しているとすれば、低く評価されたままの社員は、3割余分に落ち込むことになる。

同期のなかで昇進について1人遅れをとっていたり、自分の評価が低迷したままであれば、

「なぜ自分は評価されないのか」

「どうすればいいのだろうか」
「これではもう復活はできない」
と実際以上に思い悩む。このため必要以上に人事部に対して批判の矛先が向けられることもあるのだ。

実は、私は中年期までは会社で順調にやってきたのだが、40代後半になって「このまま仕事を続けていくことでいいのだろうか」という気迷いが生じて仕事を投げ出してしまった経験がある。その後数年間平社員として過ごしたのだが、今から振り返ると、私自身も自分のことを実態よりも高く評価していたので3割余分に落ち込んだ。人事担当者や人事の課長をしているときにはそこまで気づかなかった。

もちろん評価は評価としてきちんとしなければならない。ただ必要以上に気分が腐っている社員に配慮することは、会社にとっても決してマイナスにはならないだろう。

(注)『哲学』(島田紳助、松本人志、幻冬舎文庫、2003年)

いきなり評価基準が変わることもある

中小企業金融公庫の調査部長から、経営コンサルタントに転身して、その後作家になった加藤廣氏にインタビューしたことがある。私が書いた新聞のコラムの一部を紹介しよう。

「『信長の棺』『秀吉の枷《かせ》』『明智左馬助の恋』。爆発的なヒットになった本能寺3部作の著者である加藤廣さんの小説デビューは75歳である。

加藤さんは大学卒業後、中小企業金融公庫に入った。当時は、中小企業の資金需要が旺盛で、審査が遅れがちだった。それに対応するため、企画課長だった加藤さんは審査の迅速化案を作成した。しかし、伝統的な審査方法を否定するものだと、上司や同僚から批判され、加藤さんは四面楚歌に陥った。ところが半年後にトップが変わると、加藤さんの案はすんなり採用された。

このとき、加藤さんは一つの組織に依存していてはいけないと思った。10年後に公庫を辞めると決意した。38歳のときである。退職後も通用するスキルを身につけるため、ゴルフやマージャンを控え、会計学や語学を学んだ。意識して人脈を広げ、貯金もした。計画より、少し遅れたものの、51歳で辞表を提出。経営コンサルタントに転身した。……」

この例のように、トップの評価基準が変わることはよく起こる。加藤さんの場合は、サラリーマンとしての生き方を変えるほどの出来事だったのだ。

上司が変わり、今までとは異なる評価を受けることも少なくない。たとえば、今まではスピーディな対応が要求されていて、それが最も大きなポイントだったのが、上司が変わった途端に、慎重にものごとを進めることが評価されたりするのである。

人事部は経営陣の言いなりで人を見る目がない？

労務行政研究所が2010年に行った企業調査がある。この調査で興味深いのは、企業の人事部門を対象とする調査と、一般のビジネスパーソンを対象とした調査を同時に行っていることだ。

この調査に対する分析は、『人事担当者が知っておきたい、10の基礎知識。8つの心構え。』（労務行政研究所編、2010年）にまとめられている。私も調査分析に携わり同著に「人事部の機能は組織との関係で変化する」というテーマで一部書いている。

この調査のなかにある一般のビジネスパーソンから寄せられた「人事部門に対する意見・要望」は、とても厳しい言葉に満ちている。

「やや杓子定規な対応で、温かさを感じない」「閉鎖的・保守的である」「人材を見る目がない」「社員の声を吸い上げる役割を果たしていない」「経営陣の言いなりである」「現場の状況が分かっていない」などである。

仕事ぶりを評価する声は稀である。特に従業員数1000名以上の大企業の社員ほど突き放したような厳しい意見が多い。それに対して300名以下の企業になると、人事の仕事をある程度理解しているためか、提言を含むような意見があるのが特徴である。

圧倒的に大変だったリストラに関する体験

私は、入社後10年を超えて初めて人事部に転入になった。それまでは人事部というのは私にとっては得体の知れない存在であった。初出勤の日はなぜか緊張した。

ところが、着任した第一印象は、人事部員はモラルが高く、信頼できるということだった。先ほどの「人事部は、経営陣の言いなりで人を見る目がない」との指摘とはかけ離れていた。それは人事部員が会社から高く評価されていることを割り引いたとしてもそうである。その後、社内外の多くの人事部員とご縁をいただき、本稿を書くにあたって多くの（元）人事部員にも話を聞いたが、当時の印象に変化はない。

先ほどの労務行政研究所の企業調査で、人事部員に聞いた「最も大変だったエピソード」では、リストラに関する話が圧倒的に多い。

「事業再編時に、就業条件が下がる会社へ数百人規模の社員に転籍してもらう際、一人ひとり面接して厳しい選択を迫らなければならなかったこと」（建設会社、部長クラス）

「雇用調整。ともにがんばってきた社員の転籍に対して気持ちの整理がつきにくかった」（水産・食品、課長・次長クラス）

「転進加算、退職勧奨の実施。ともに働いてきた上司、先輩に対して、通知したことが最もつらかった」（化学、主任・係長クラス）

「人事整理の場面。それまで親しくしていた人に契約解除を言わなくてはならなかった」（電気機器、一般社員）

人事部員である自らの立場にも悩みながら真摯に仕事に取り組んでいることがうかがえ

る。

メンタルヘルスの仕事や労災の処理においても、職務に忠実であろうとする姿勢と仲間である社員のことを思う気持ちとの板ばさみになっている姿が目に浮かぶ。

「メンタル不調者の対応で、寛解後に、新職場の偏見により再発し、退職した社員がいたこと」

「労災による死亡事故の対応。会社に非のない事故が原因であったが、悲しみが伝わってくるだけに、1年以上続いた遺族の方への対応は神経を使うものだった」

ほかにこういう意見もあった。

「経営陣が強引に決めたことを人事として（本意でないことを）従業員に説明したとき。定期昇給の凍結・降職など」（商業、部長・次長クラス）

一方、人事部員として「最もやりがいを感じたエピソード」を見ると、採用した社員の成長、諸制度の導入に成功したこと、社員からかけられた感謝の言葉などが目立つ。

どうだろう。これらの発言からも真摯に仕事に向き合っている人事部員の姿がうかがえるのではないだろうか。それでも人事への批判は根強いのである。

採用を左右するのは「偶然」や「相性」

人事評価は、自分ではどうにもならない相性に支配されている。これも人事に対して批判の矛先が向かう1つの根拠になっている。

ここでは新卒採用の場面を例に相性というものを考えてみよう。

2010年、私は就職活動（就活）にかかわる本を書くために多くの会社の採用責任者を取材した。彼らの口から、タイミング、縁、偶然や相性、フィーリングなどの言葉が何度も語られるのを聞いた。そのときにやはり採用活動の本質は昔と変わっていないことを感じた。

タイミングでいえば、採用枠がまだ埋まらないときと、予定の人数の内々定者がほぼ決まっているときでは、採用側の姿勢は異なる。もちろんOKを出す基準も変化する。終盤になって内定予定者の辞退が相次いだりすると（これは現実によく起こる）、血眼になって面接の対象者を探すことになる。合格ラインを下げざるをえないケースもある。

相性、フィーリングになるともっと説明しづらくなる。相性というと、何かいい加減に思われるかもしれないが、採用の面談の際には決定的な要素になることが少なくない。

私が人事部員だったときに採用したN君は、今や立派な課長職だが、「私は楠木さんではなくて、現在のA部長が採用責任者であれば、この会社に入社できていなかった」といい、社内結婚した妻とも出会っていないと話していた。まさに縁なのだ。

就活生の自社への志望度を上げるために本部の課長クラスに会わせることもある。その際に目端のきく採用担当の若手社員は、「この学生と相性が良さそうな課長は誰か」という目で面接官をお願いする課長を探す。企業側からだけではなく、学生側から見た相性もあるわけだ。

私の経験でいうと、面接の学生に自由にかつ自然体で話してもらうためには、採用側も自由でなければならない。「バイタリティのある人材を採る」「協調性にポイントを置く」などの固定した判断基準を持たない態度で臨むほうがスムーズに話が展開する。同時に、採用担当者は、自分の心のなかに生じる事象、感覚をできるかぎり的確に把握することが求められる。ここが相性にかかわる部分であって採用選考のポイントでもある。

採用を担当する自らは当事者なので、その相性を客観的に認識することはできない。２回目に会うと、初めの印象とはかなり違って見える人も少なくない。

面白いことに採用責任者である私の横で、事務局を担当していた後輩の人事部員は、「2年間、楠木さんの横で採用面接の結果を見ていると、その学生と少し話しただけで楠木さんが採用を可とするか、不可とするかが分かってきます」と話していた。個性ある多様な人材を採用したいと思っていても、私自身が自分の相性に支配を受けているのだ。

社内で相性の問題を解決する奇策

ここから日常の会社での仕事を振り返ってみると、いろいろなことを感じさせられる。新卒採用の場面に比べると、タイミング、縁、偶然は、社内では採用ほど比重を持たない。毎日顔を合わせるので新たな出会いもそれほど多くはない。また仕事も効率性、合理性を求めるので自然と縁や偶然は排除されがちになる。

ところが、相性、フィーリングについては、いつも顔を突き合わせるだけに、逆に重要になるし、またやっかいでもある。人間関係の綾と言い換えてもいいかもしれない。

人事担当者の立場で見ても、互いに力量はあると思われる人同士が働いているのに、相性が悪いために、どちらかが、あるいは双方が働く意欲を失っている例は少なくない。上司と部下との関係では部下が意欲を失うケースが多い。虫の好かない上司に自分の感情を押し殺して無理に気に入られようとしてもうまくいかない。また上司は部下に関与するかしないかの裁量を持っているが、部下はそうではないからだ。

上司との相性で苦労している社員が、そのどうにもできない気持ちを人事部員にぶつけることもある。私もある研修会のあとの懇親会で異動に関して面と向かって批判されたことがある。「自分に言われても」と思いながら、黙って話を聞いていたことを思い出す。

自己申告書には、次に行きたい部門や取り組みたい仕事の欄はあっても、「誰と一緒に仕事がしたい」とか、「誰とは一緒に働きたくない」などと書き込む欄はない。

私が人事担当者のときに思いついたことがある。支店長（複数）と彼らのもとで働くことになる営業所長（こちらも複数）を会社の大会議室に一堂に集め、営業所長たちに自らの上司である支店長を選ばせるという仕組みを考えたのである。

——初めに支店長が、「自分の支店ではこのように運営したい」だとか、「どのような働きを営業所長に期待したいか」といった20分程度のプレゼンを行う。それを営業所に3年以上在籍している営業所長が聞く。すべての支店長の話が終わると、営業所長たちは、自分が一緒に働きたい支店長のところに並ぶ。

多くの希望者を集めた支店長は、面接をして自分の部下を選ぶことができる。一方支持を得られなかった支店長は、他の支店の面接を落ちた営業所長のなかから部下を決める。ここで大切なことは、人は20分間、直接相手の話を聞けば、言葉にはできなくてもその人が自分とウマが合うか合わないかは大体は分かることである。

こうすれば相性が合わないというリスクはかなり減らせる。しかも営業所長は、制約はあるとはいえ「自分で支店長を選んだ」ことになる。支店長同士では自由競争の仕組みを取り入れているので文句は言えない――。

各職場に膨大なヒヤリングをして人事の異動を組んでも、個々の社員間の相性によってうまくいかないことが少なくない。私に任せてくれればやれる自信もあった。しかし1人の担当者の思いつきを大手企業が簡単に認めるはずもないので、当時は一笑に付されただけで終わった。

最終章でも述べるように、こういう選択の仕組みを取り入れることが人事運用の制約を解決することにつながるのではないだろうか。

考課でミスをしたら、その後の機会に修正する

もっと基本に立ち戻れば、人が人を評価する以上、すべてをガラス張りにしたところで、人事に対する不満が出てくるのはやむをえないだろう。

ある新聞記事で、大手メーカーの人事部長が、「各部門の育成・配置および報酬に応じた評価を所属長が公正にやれる仕組みをつくっている」と発言するのを読んだことがある。しかしこれは立場上の発言であって、本当のことを言っていない。

どんなに精緻に評価する仕組みや基準を導入したからといって、公正で客観的な人事評価はありえない。上司と部下の相性もあれば、評価する側、される側双方の自分自身に対する思い入れもある。また組織側の評価基準も変化するのだ。

そもそも人事評価は、主観的であり感情面が大きくかかわってくる。定量的、客観的なものを仕組みに取り入れても、それは一部を表現しているにすぎない。求めるべきものは客観性や公平性ではなくて、評価される社員の、「うん、そうだ」という納得なのだろう。この

納得を全員から得ることは難しいので、もともと人事部員は批判される運命にあるのかもしれない。

また人事担当者にも失敗・間違いはある。いくら慎重を期したとしてもまったくミスがないことはありえない。人事担当者に限界があるのは、他の組織での仕事と同じである。ただ数値で結論が出る仕事ではないので、たとえミスをしても表面には表れにくい。入手した情報が十分ではないため行き過ぎた判断になったり、あとから振り返れば妥当性の欠く結論（評価）になってしまうことは多くの人事担当者が認めている。

ミスがあったときは、人事担当者の心のなかで「借り」が意識されて、次の評価の機会や異動のタイミングで修正しようとするのが一般である。

人事部員は出世するから嫌われる？

なぜ人事部員は、批判されるかの問いに対して、ある人事労務雑誌の編集長は、「人事のメンバーは会社から高く評価されているからでしょう。それに対するやっかみが必ずあるはずです」と指摘していた。たしかにそういう面はあるかもしれない。

実際にも「会社の中枢部門なので、これはと思った人間は人事部に集める」と語った金融機関の人事部長もいた。初めは、お堅い話で終始するのかと思ったが、彼の話で興味を持ったのは、人事部に転入させる社員の選び方だった。

彼の会社では定期異動の前に、来年度の異動構想を各職場から提出させる。現在在籍している社員を残すか、転出させるかを基本に来年度の体制案を各職場が作成するのだ。その際に、自らの職場に転入させたい社員の希望を書く欄がある。普通は、「営業経験のある者」とか、「法務関係の知識が豊富な社員」などの経験や保有する技能を記載するが、直接名前を書いてくるケースもある。特に年次を経た層の転入者希望の欄はそうである。

この金融機関の人事部長は、各職場から一番多く、かつ強く要望された人材から何人かの候補をピックアップして、そのなかから人事部で働く社員を決定するという。

これは、個人のつながりや情実によって人事部に転入させるのを防ぐためにやっているそうで、3年後に人事課長を任せる人材をそういうやり方で探し、育成するというのだ。

私は1つの見識であると思いながら話を聞いた。これで人事部に対する批判がどうこうなる話ではないが、組織としてそういう自己規律のルールを持っていることは、社員の支持を失わないための重要なポイントである。

また目標管理の面談の際に、「自分は君の評価を高めるためにがんばったが、人事部がどうしても認めてくれない」と弁解する管理職が多いことも人事部に対する批判が高まる一因だと指摘する人事担当者もいた。

たしかに人事部を悪者にする管理者もいるかもしれない。昨今は全員が横並びで昇格することもできなくなっていて、各社員への評価のフィードバックも難しい。

ただそういう（人事部に責任を押しつける）対応を行った上司は、部下からは、その態度なりの評価を受けるのだということも覚悟しておかなければならない。

第　三　章

社員の「情報」を集めるルール

なぜ人事部のオフィスに入ると緊張するのか

大手自動車メーカーで営業の仕事を中心に定年まで働いた元ビジネスマンにインタビューしたことがある。彼は、人事部のオフィスに入るときにいつも緊張していたと話してくれた。理由を聞くと、「人事部には各社員に対する〝閻魔帳〟があって、性格や過去の評価を記録していると聞いていたので」という。退職した今も閻魔帳の存在を信じていた。

そう言われれば、私も人事部の部屋に入るのに少しドキドキしていたことを思い出す。

若い女性社員に聞くと、「オフィスに入ると、どうしても見られていると感じてしまいます」と率直に語ってくれた。

人事部のメンバーには守秘義務的なものが課されているので、普段から必要以上のことは話さない傾向がある。そのため社員は近寄りがたい雰囲気を感じるのかもしれない。秘密を取り扱っているからと、社員の側が逆に意識しすぎているのだろう。

私が、人事部への転勤の内示を受けると、距離を置いて話すようになった社員もいた。

「(当時話題になっていた)チャウシェスク*になるなよ」と送別会の席で冗談まじりに語り

かけてきた同期もいた。

人事部のメンバーが、日常の社員の動向を常にウォッチしていて、失敗や失点があれば閻魔帳（人事シート）に記入するとイメージしている人も少なくないのかもしれない。しかし私の経験では、そういう人事部員はほとんどいない。第一章で紹介した仕事をこなすためには、そんな余裕も時間もないのである。

一方で、あるカメラメーカーの元部長は、人事部のオフィスに入るのに何も感じなかったという。「人事権はすべて本部長が握っていて人事部には権限がないから」と語ってくれた。たしかに私がある総合商社（事業部門に実際の人事権限がある）の人事部に出入りしていたときには、銀行などの人事部にありがちな重苦しさを感じなかった。

社内での組織の位置づけや人事の仕事に対する理解度によっても社員のとらえ方は変わってくるのだろう。

この章では、人事部の側から「社員を知る」というのは、どういうことなのかを考えてみたい。

（注）秘密警察による国民の監視・盗聴を徹底的に行ったルーマニアの指導者かつ独裁者。

人事部の機能は担当する社員数に規定される

私は、入社して12年目に初めて人事部に転入した。赴任した当日に人事課長から言われたことが2つあったと覚えている。

1つは、「人事部内で知ったことは、家族にもしゃべるな」である。これは当たり前のことだ。私は会社の出来事は家では話さないので問題なく受け止めた。

もう一点は、「個人の一人ひとりまでは見にいけないぞ」だった。当時の私は、個人個人を把握するつもりでいた、というよりも人事はそうしているものだと思い込んでいたのである。

ところが人事部で仕事を始めると3000名の社員を個別に把握することなど、到底できないことがすぐに分かった。

私は、大手企業に勤めた30年のうち、人事関係の仕事に通算11年携わり、4つの職場を経験した。

まず3000名の社員を対象とする本社の人事部（課長代理）に2年、次に支店の人事管理機能を持つ次長職（約80名の社員が対象。総務や資金管理も担当）を4年、そして100名程度の専門職を担当する人事課長を3年、最後に300名程度の関連会社の人事担当部長を2年である。

これらの業務をこなしながら、対象とする社員数の違いによって人事の機能が異なることを感じてきた。

まず、3000名を超えると各社員の顔つきは頭には浮かばない。取り組む仕事も人事部内の一部の役割を持つにすぎない。

ところが、100名程度のように少ない人員が対象の人事課長であれば、採用から、異動・考課、研修、労働条件、はては退職時の面談まですべてを担当する。

NHK教育放送で「めざせ！ 会社の星」というビジネス情報番組がある。先日、新聞のテレビ欄を見ていて、「人事のナゾに迫れ！」というタイトルが目に入ったのでチャンネルを合わせてみた。食品メーカー（従業員数300名）の人事担当者の仕事を2日間にわたり綿密に取材していた。

まず週の初めの朝礼で社員を集めて、司会をするのが彼の役割だ。会社全体で目標を共有し、団結力を高めることが目的だそうだ。次は若手社員との個別面談、それに続き、次から次へと彼が仕事をこなしている姿を写していた。

来年度に行われる給与制度の改定に向けたシミュレーション作業、製造工場を視察して安全な職場づくりのための改善策の検討、突然会社のトイレで気分が悪くなった社員の介抱などである。

この会社の従業員は300名で、5名の社員で人事部のすべての仕事を担当している。画面を見ながら、やはり人事部の機能は担当する人員数に規定されるのだとあらためて感じた。

担当する人員の規模と人事部の機能との関係について私なりに課題を提示すると次のとおりである。

① 採用、考課、異動、労働組合担当などに分化した大組織の人事部と総務的な仕事までもまとめて受け持つ中堅企業の人事部とを同一に論じてもいいのか

② 人事部が相手とするのは、個々の社員なのか、職場を束ねる所属長なのか

③ 経営層と人事部との関係（親疎の度合）も規模によって異なるのではないか

④　社員についての情報収集や社員への発信のやり方も担当する人員数によって変化するのではないか

1人の人事部員が把握できる人数

私の経験でいえば、担当する社員の顔を知り、かつある程度の行動予測ができるのは、最大でも300が限度である。

私自身、社員300名の関連会社の人事担当部長のときには全員を把握するには少し無理があった。大手総合商社の関連会社（上場企業、従業員330名）で長く人事課長を経験した人は、「250名が限度」だと答えてくれた。

何人かの人事担当者にヒヤリングしたがそれほど差はなかった。

「同期生が300名を超える年次では、互いに顔を見ても分からないので、いつまでたっても同期生意識が芽生えない」と話す大手メーカーの人事担当者もいた。

もちろんここで重要なのは、把握できる人数が300名かどうかではなく、これくらいの人数を超えると、人間同士が対面して情報交換できる範囲を超えてしまうということである。仲間意識や連帯感というものが形成できなくなると言ったほうがいいかもしれない。

人が連帯するためには、互いの人柄と置かれている立場を知っておかなければならない。

この人数以下であれば、相互に人物把握や行動予測ができるので、仕事においても例外的な対応や特別な取り扱いも可能である。しかしそれを超えると情報伝達も文書や所属長会議を通じた間接的なものになり、情報収集も伝聞情報で把握せざるをえなくなる。結果として一律運用、杓子定規が中心になる。

あるベンチャー企業経営者が、「かつては社員全員が家族のように会社の将来について熱く語り合った。しかし社員が増加するにつれて社員の顔も名前も分からなくなり、大企業病になっているのではないかと不安になった」と語っていたのが印象的だった。

「この案件は俺が責任を持つ」と言い切るためには、互いが互いを知っている前提がいるのである。また、「あの課長が、あそこまで言うのだったらついていこう」と部下の気持ちが1つになるには、部下同士の連帯が先行するのだ。

この一定の人数を超えると、人事部員は、直接個々の社員を知ることはできないので、マス（群団）での管理に移行せざるをえない。所属長を通した伝聞情報で個々の社員を把握するのである。

人事部長と人事の係長とでは、扱う対象とする人員数は相当異なる。大企業のある人事担当者は、「人事部長は課長クラス以上の異動と考課を担当しているので、すべて合わせてもせいぜい100名が対象である。主要なメンバーは各個人ごとに把握できている」と語った。

人事部長と、1000名を超える社員の異動を担当する自分とでは、おのずから社員のとらえ方が異なるという。彼は「ただ人事部長は、トップや役員との調整に多くの労力を費やしている」と付け加えた。

こうした違いが、部長や課長クラス以上と課長未満のレベルの昇格の基準が異なる1つの根拠になっている。この点については出世の問題に絡めて次章において詳述する。

伝聞情報で人を評価するジレンマ

金融機関で出向者の人事を担当している課長職のM氏にインタビューしたときのことである。

「大きな組織では、伝聞情報が中心になる」との話を私が切り出すと、M氏は、会議室での忘れられない一場面を語ってくれた。

その日は、新年度の課長昇格者を検討する場だった。

担当役員の常務取締役から、「関係会社A社に出向しているB社員と、C社のD社員とは、同年入社だが、どちらの管理能力が上か？」とM氏に質問があった。およそ1000名の出向者がM氏の担当だった。彼はこの職務に就いて1年未満だったので、B社員ともD社員とも面談する機会がなく、個人的にもほとんど知らなかった。

それでも常務から問われて答えないわけにはいかない。彼は過去の評価をもとに、理由も付け加えてB社員のほうが上だと回答した。

その場で、B社員は、新年度に本社に戻り課長職に昇格することが決まった。一方のD社員は、昇格が見送られた。伝聞情報をもとにした自分の一言で社員の昇格や処遇が決まるかと思うと、なんとも言えない気持ちだったという。

私は100名程度の専門職を担当する人事課長を3年間経験した。そのときには3000名を対象とした人事の仕事との違いに驚いた。全員の顔を知り、行動予測ができたからである。100名のときは、採用から、考課、異動、研修、労働条件の管理までトータルに担当するので、1人の社員を丸ごと把握できる。自信をもって決断できることは、何ものにも替え難い価値があった。

3000名を対象とする課長代理では、社員と直接やりとりができないので自分の判断が正しいのかどうか確信が持てないまま次の仕事に移らなければならなかった。M氏と同様、自らの決断に対して自問しなければならないジレンマが常につきまとっていた。

何千人もの社員を対象とする人事部では、人事評価、研修など自己が担当する業務の側面から社員をとらえている。人事部内で連携も行われるが、一般には自分が担当する分野の仕事をこなすのに精一杯なので、1人の社員をトータルに把握することは難しい。

人事部員にとってどのような能力が重要か

次に、第二章で取り上げた労務行政研究所の調査をもとに、組織の大きさと人事の仕事との関係について考えてみたい。

この調査では会社の規模別に調査結果を整理している。以後、理解しやすいように、便宜

表1　人事担当者にとって、「現在において重要」と思われる能力・スキル（五つまでの複数回答）

区　分	規模計	1,000人以上 A	300～999人 B	300人未満 C
合　計	(198) 100.0	(68) 100.0	(76) 100.0	(54) 100.0
①企画立案・推進力	58.1	61.8	63.2	46.3
②経営感覚	47.5	48.5	38.2	59.3
③コンサルテーション能力	17.7	20.6	17.1	14.8
④カウンセリング能力	19.7	17.6	21.1	20.4
⑤戦略的な知識・思考力	46.0	48.5	43.4	46.3
⑥従業員に対する共感力	35.4	39.7	32.9	33.3
⑦コミュニケーション能力	64.1	63.2	60.5	70.4
⑧情報収集力	31.3	27.9	42.1	20.4
⑨情報発信力	16.7	25.5	9.2	14.8
⑩人材の多様性（ダイバーシティ）への理解	19.2	17.6	18.4	22.2
⑪データ処理能力	6.6	5.9	5.3	9.3
⑫実務処理能力	31.8	27.9	35.5	31.5
⑬トラブル対応力	32.8	32.4	32.9	33.3
⑭リーダーシップ	18.7	19.1	15.8	22.2
⑮上位者をサポートする力	6.1	2.0	10.5	3.7
⑯モラル	24.2	20.6	27.6	24.1
⑰学習意欲・知的好奇心	13.1	8.8	15.8	14.8
⑱国際感覚・語学力	4.0	2.9	1.3	9.3

出所『人事担当者が知っておきたい、10の基礎知識。8つの心構え。』(260P)労働行政研究所編

上、小企業は従業員300人未満、中企業は同300～999人、大企業は同1000人以上、と表示して検討を行う。この調査では先ほど議論した300名が小企業の区切りとなっている。

まずこの調査で私が着目したのは、人事担当者に聞いた「人事担当者にとって、『現在

において重要』と思われる能力・スキル（五つまでの複数回答）」の項目である（調査結果の表1を参照）。

このなかで、小企業と大企業または中企業とで差の大きい5項目を見てみよう。小企業の重視する項目は、「経営感覚」「コミュニケーション能力」、逆に大企業、中企業が重要と考える項目は、「企画立案・推進力」「情報収集力」「情報発信力」である。

規模に左右される人事担当者の仕事

私が社員数300名の関連会社に出向していた経験に照らしてみると、この規模の会社では経営層と人事部の関係が緊密であり、社長や役員といつも接しながら仕事を進めていた。人事と経営とが密接に絡みあっているのだ。そのため小企業では「経営感覚」が重視されているのだろう。

一方、1000人以上の大企業ともなれば、役員室から指示がある、または人事部から報告するなどのタイミングをとらえて人事部と役員とがやりとりをする。経営層と人事との距離は、小企業に比べて遠くなりがちである。

調査のなかから、一般社員が人事部と役員や経営層との関連について言及したコメントを見てみよう。

小企業では「（人事部は）現場の人と話す機会も多く、現場の考え方も分かる部門なので、会社の方針と現場の人との板ばさみの部署で大変だと思います。役員クラスの決定が従業員にとって苦しくなると分かっていても、（中略）従業員を説得する立場でもあるのでストレスのたまるところだと思います」などのコメントが見られる。これは一般社員が、人事部の仕事、あるいは経営層と人事部との関係をある程度理解していることを示している。

ちなみに、1000人以上の大企業における一般社員の唯一のコメントは、「経営者の言いなり」のみである。おそらく人事部と経営層の関係は彼らの視野にまったく入っていないのだろう。

また小企業が「コミュニケーション能力」を重要視しているのは、各社員と直接やりとりするので、彼らとのコミュニケーションを重視しているからだと推測される。しかし大企業ともなれば、担当する人数が直接知ることができる限界を超えているので、各職場を管理している所属長とのやりとりが中心になる。そのため小企業に比べて「コミュニケーション能力」を重視する割合が低いのであろう。

一般社員の側から見ても、調査結果では、人事の仕事内容が分からないというコメントが、大企業では10件見られるのに対し、中企業、小企業は各1件のみである。

その大企業の社員のコメントの内容は、「接触がなくて分からない」（3件）、「何をしているのか、分からない」（3件）、「イメージがわきにくい」「独自の動きが見えない」「お互いの交流がない」「遠い存在である」など、一般社員と人事部（員）との間に距離があり、直接コミュニケーションをとる機会はほとんどないことがうかがえる。

一方で、大企業、中企業の人事担当者は「企画立案・推進力」や「情報収集力」、さらに「情報発信力」が重要だと考えている。

大企業においては、個々の社員を把握できないので、どうしても抽象的な社員をイメージして運営せざるをえない。このため「企画立案・推進力」が重要になってくる。

また「情報収集力」については、日頃の各社員の考えていることを直接把握できないので、具体的な社員情報を入手したい気持ちがより強いのだろう。

同じ調査で、大企業の人事担当者が、「『社員意識調査』、『社員満足度調査』の回答結果で社員の反応を確認する」とコメントしていたのが印象的である。

また組織が大きくなると、どうしても文書や管理者会議などを通じて各社員に情報を発信することになる。どれだけきちんと社員に伝わっているかが分からないのが実情だ。そのため「情報発信力」を重視しているものと推測される。

社員の「情報」を集めるルール

あるジャーナリストは、人事部員が自ら職場に出向いて、社員との雑談などを通して情報収集をしたうえで、人事上の課題を把握していく必要があると書いている。

たしかに、転居を伴う転勤の辞令を出すことなどを考えると、人事部には社員の情報が不足している。もっと情報がたくさんあったほうがいいのは間違いない。

では現場に行って多くの社員と話せばいいのかというと、それほど単純ではない。まず情報収集と一口にいっても簡単には行えない。

コミュニケーションが取りやすい職場もあれば、そうでない職場もある。普段の仕事でいつも接しているわけではないので、そこで得た情報はその社員が示す1つの断面にすぎない。また人というものを把握するには、どうしても偏りが避けられない。

数年前に小学校の女性教師が行った研究発表を聞いたときのことである。彼女が、「クラスの35名の子ども全員を公平にビデオに収めようと意識していたが、2、3人の子どもがいつも漏れていることに気がついた」と率直に語るのを聞いて、気をつけなければと自省したことを思い出す。いくら注意をしても人間はそういう限界を抱えている。

それではどうすればいいのだろうか。

向こうからやってくる情報は別として、人事部員が自ら情報を集めるのは、公式の場面に限ったほうがよいと思っている。情報はとにかくたくさん集めたら価値があるのではなくて、集め方にも一定の手続きが求められるのだ。

これには人事担当者のなかでも異論はあるだろうが、私はそのように意識していた。非公式の場面や個人的な雑談から情報を取ろうとすると、周囲から見れば癒着しているととらえられかねない。先述したように、人事部員の言動や態度が曲解される要素や理由は数多くあるからだ。実際には、個人的に飲みに行くようなこともセーブしていた。

情報を集めるにもルールがあると考えたほうがいいと思う。この面でも人事担当者にはバランス感覚が求められるのだ。

ここでいう公式場面とは、異動構想や人事評価に関する所属長とのやりとり、人事面談、所属長と連携して職場の個別課題にあたるケースや増員要求などの個別の要望を受けるとき、かつてのＱＣ（品質管理）活動などの社内コンテストやその打ち上げのとき、各種研修会や、労働組合との交渉の場面などである。要は、業務を通じての情報収集に重きを置くことである。

社員が起こした不祥事や会社とのトラブルなどを除いては、人事部からあれこれ詮索しないほうがいいと考えるのである。

社員と直接つながることがいいのか

どのように情報を集めるかは、人事部と各職場との関係やそこで働く社員との関係をどのようにとらえるかにもつながってくる。

人材マネジメントの研究で有名なある大学教授は、「人事部が社員と直接つながることが大切なんです」と語り、人事のマネジメントは、集団から個に目を向けるべきであると説いている。

集団から個に目を向けるべきだという議論については異論はない。人事部の対応は、一律的な管理から個々の社員とのやりとりに移行せざるをえないからだ。ただ人事部と社員が直接つながることがよいかどうかは、デリケートな課題である。

この点を検討するには「そもそも人事部の機能は、各組織にとってどういう意味を持つのか」という問いと正面から向かい合う必要がある。

米国の優良企業であるＨＰ（ヒューレット・パッカード）には、会社設立から18年間も人事部がなかった。「部下が管理者に相談しやすく、管理者が部下の悩みや不安に敏感である必要がある。人事部があると、この管理者と従業員の直接の関係に割って入る可能性があると考えていたからである」と創業者の１人デビッド・パッカードは述べている。*

人事部の役割は、所属長の管理をサポートすることであり、管理を代行することではないのだ。時代は変わってもこの基本は変わらない。

そう考えると、人事部が社員と直接つながることがよいのかどうかは簡単には判断できない。たとえ人事部が社員とつながったとしても、日常の仕事を一緒に遂行するわけではない。

社員にとって人事部とは、テレビドラマの幕間のＣＭのように登場するだけの存在なのだ。逆にいえば、人事部の側から知ることができるのはその社員の一断面、言動の１シーンにすぎないのである。だから見誤るリスクも高い。

多くの人事担当者は、各社員との関係において、どういうポジションを取り、どのように情報収集すべきなのか常に悩んでいる。外部から見れば、直接社員とつながればいいと思うのかもしれないが、それほど単純ではないのである。

私にも経験があるが、所属長やその部下に思いを入れすぎるとうまくいかないことが多い。視野が狭くなって客観的に見られなくなるからだ。

日常、社員と一緒に仕事をしている所属長や上司に任せたほうがうまくいくことが圧倒的に多い。現在の組織を前提に考えると、人事部が社員と直接つながることがよいと言われると違和感を持つ人事担当者は少なくないのではないだろうか。

（注）「D. Packard, *The HP way : how Bill Hewlett and I built our company,* (D.Kirby & K.Lewis eds.), 1995」

第　四　章

人事部員が見た出世の構造

社内経歴を見るだけで会社の評価が分かる

保険会社の元人事課長T氏の若い頃の話である。人事部員だったT氏は、社内経歴の書かれた社員の資料を整理していた。

すると、彼の席の後ろに立った人事部長が、「A君は順調にやっているね。B君はここで潮目が変わったのかなあ。C君は専門分野をなかなか持てないね」と各人についてコメントする。人事に転入したばかりのT氏に対する指導の意味合いもあったかもしれないという。

そのときにT氏は、A君もC君も直接知らないはずの人事部長が、一切のコメントが書かれていない資料から的確な評価を下していることに気がついた。

つまり入社年次、昇格の時期、どの職場に何年在任したかを見ただけで、その人に対する評価が分かったのである。入社年次をもとに、全社員をマス（群団）として一律に人事部が管理していたからだ。

役職上は同列の課長や係長でも、組織自体が持っているパワーが違っていることは、どの会社にもある。個人の能力や評価を高めるのに役立つポストもあれば、そうでない部署もあるのだ。どの職場を経験して、どのポストに就いているのかが、現在の評価基準になり、その後の昇格の可能性を示唆する。

マス（群団）としての管理という面からいえば、ある年次のトップグループである「一選抜」は、それより年次が上の一選抜を抜かないというルールがある。伝統ある大手企業の多くはそうである。キャリア官僚の人事も同じだ。一般企業の人事課長にあたる省庁の元秘書課長は、自分より年次が下のキャリア官僚しか担当しないルールになっていると話していた。

入社年次はもちろん、過去の社内経歴、昇格時期はオープンな情報なので、毎年の人事異動を丹念に見ていけば、それらの情報をストックすることができる。またそれぞれの部署の持つパワーも推測がつく。だからプロローグで紹介した社内人事評論家が講釈を垂れることが可能なのだ。

だが昨今のように、雇用の保障が揺れはじめると、人事部が持っている強力な権限も怪しくなってくる。人事の運用も変わってくるのだ。

伝統ある大手企業では、新卒の一括採用から始まり、社員に対する配置転換を人事部が統一的に行っているが、こうした人事システムは、一度正規社員として採用したら、定年まで雇用を保障することと密接不可分の関係にある。

社員も定年までの長期間の勤務を勘案して損得を勘定するので、意に沿わない転勤も唯々諾々と了承する。「次に本社に戻ってきたときには相応のポストで迎える」などの約束手形は、安定した雇用保障があってはじめて成立するものである。

時代によって人事評価の尺度も揺れている

採用年次ごとに1つの群団としてとらえて、長期的な視点で人を評価して引き上げていくのは、かつての日本企業の伝統的な昇格システムであった。このシステムは職能資格制度というものによって裏付けられていた。

職能資格制度とは、働く社員の職務遂行能力をあらかじめ定められた資格等級によって格付けし、その等級を基準として、人事評価、人事ローテーションを行う制度である。年功的な体系を能力主義に改める趣旨で昭和40年代に広く導入された。

この制度は多くの会社で定着したが、文言で書かれた能力要件は、抽象的になりがちで、その評価基準は必ずしも明確ではない。ところが導入以降の日本は、高度成長期にあり、企業も成長を続けた。新たなポストも増加したので、年功的な処遇の意味合いを含みながら運用することができた。結果として職能資格制度は年次管理を中心とした人事評価に埋没した感があった。

昨今は、職能資格制度に対して、一度到達した職務遂行能力が失われない点がおかしいとか、優秀者の飛び級昇格が困難であるなどの批判がなされている。しかしこれらの批判は導入時からあってもおかしくなかったもので、最近になって言われだしたのは、企業の成長、ひいては企業内の組織拡大が期待できなくなったことが大きい。

1990年代後半に、山一證券や日本長期信用銀行などの破綻が相次ぐと、リストラの議論とともに、社内構造改革が各社で叫ばれるようになった。その結果、成果主義、職務主義の導入議論が各社で盛んになった。経営環境の変化が人事の評価基準に変容を迫ったのである。やはり経営と人事は一体なのだ。

成果主義が定着しなかった理由については第一章でも少し触れた。

現在は、職種や役職などを評価づけして、そのポストに就いている人に職務の価値に応じた評価をする職務主義の考え方が広がっている。

一方では、人の面にポイントを置いたコンピテンシーを新しい基準として導入した会社もある。コンピテンシーとは、各職務を担当する社員が持続的に高い業績をあげる能力を行動の特徴によって表現したものである。このように人事評価のもとになる尺度も時代の動きによって揺れている。

目標管理だけでは真の評価はできない

人材評価に関して多くの会社で定着しているのが、目標管理制度である。この制度を組織のマネジメントの中心に置く管理職は少なくない。

目標を数値で明確にできるので、仕事によっては合理的でフィットしたものになる。ただ数値目標は、社員の遂行する仕事の一部分を反映しているにすぎない。それだけで管理するには、こぼれ落ちるものが多すぎる。

新規の開発案件などでは、ゴール自体が漠然としているため、目標設定や評価自体が困難なケースも少なくない。目標管理の結果を人事評価の指標として直接使用すれば、単なる結果主義に堕する恐れがある。納得感のない数値がひとり歩きしたり、評価を高めるために目標水準を低く設定したりすることが横行しかねない。また重要ではないと分かっている仕事に注力するようになってしまうこともある。たとえば、意味のない報告書を量産するなどだ。

結果数値だけを見て、周囲が納得する仕事というのはむしろ少ない。目標に到達するまでの種々のプロセスをどう評価するかがポイントだ。

だから目標管理は、上司と部下が互いに仕事のプロセスを共有化するための職場内のコミュニケーション・ツールと割り切るべきであろう。そうすれば人事部は目標管理の内容にまでは立ち入る必要はない。

目標管理の運営には、量的な評価だけではなく、質的な評価を伴った部下へのフィードバックが上司に求められる。それを通じて目標管理は初めて人材育成の意味を持ちうるのだ。

ただ部下の仕事のプロセスを把握して、納得感の高いフィードバックを行うためには、上司自身の相応の能力、あるいは部下との力量の差が必要である。だが年功で昇格してきた上司には、その点をなかなか期待できないケースも少なくない。ここでも試行錯誤のなかで進めていかざるをえない制約がある。

評価されるポイントは職場内での評判?

48ページに書いたように、私が支店次長に着任した翌年の2月、各社員の人事評価の時期が来た。

次長職である私が全員の考課表を書いて終わらせることもできたが、せっかくの機会だからということで、事務のチームリーダーに集まってもらって人事評価の会議を開いた。評価対象者40名の女性の事務社員に対して、会議の出席者は、リーダーの女性5名と、男性の総合職2名、それに私である。

リーダーたちは、初めての取り組みに少しとまどっていたが、すぐに積極的に発言を始めた。この会議で感じたのは、やはりいろいろな見方があるということだった。

事務の処理が早くて正確だという個人の事務能力や、窓口や電話での顧客への対応力を評価する人もいれば、チーム員に対する貢献を重視するリーダーもいた。

目標管理では、事務力について細かい水準が盛り込まれていたので、当初、個人の事務能力が議論されるかと思ったが、むしろチーム内での貢献度を重視しているリーダーが多かった。情報連携、スケジュール管理、後輩の育成などだ。

いろいろな角度の意見が出たが、会議メンバーで事務社員たちの順位づけをすると、それほど大きな対立もなく決まった。見る角度は異なっても全体感にはそれほど違いがなかったことが興味深かった。

ここで注目しておくべき点は、個人に対する人事評価と、多くの日本の会社での仕事の進め方との関係である。

日本の会社では、社員の仕事上の能力を何で判定するのかという点があいまいである。もちろん、「仕事上で実際に発揮される能力」であることは間違いない。ただ、この能力が何かについて共通認識を得ることはやさしいことではない。

そのうえ個人の職務範囲があいまいだから余計に難しくなる。加えてチームや集団で仕事を進めることが多く、個人個人の貢献を評価することも容易ではない。

先ほどの会議でも、一緒に仕事をする社員同士では評価は定まっていても、隣のチームとの比較となると急に難しくなってしまう。そこにはチーム間の縄張り意識的なものも垣間見えた。

年功的人事管理から能力主義に改めるといっても、「当社における、求められる仕事上の能力とはいったい何なのか」「何を基準に個々の社員の評価をすればいいのか」という議論を深める必要がある。

当初、個人の能力主義を目指して導入された職能資格制度が、年次管理を中心とした人事評価に埋没したのも無理からぬところだと思えるのである。

チーム仕事と一匹狼の功罪

日本企業では、チームで仕事を進めることが多い。この、チームで仕事を進めるというやり方は、個人の評価だけでなく、諸々の人事施策にも関係してくる。人事評価の基準があいまいになるので、いきおい労働時間の長さや上司に対する姿勢が評価の基準になることを助長しかねない。チーム内の意思統一のための会議も多くなり、長時間労働の一因にもなっている。

自分の職務範囲や権限が明確であれば、有給休暇ももっと気兼ねなく取得できるはずである。自分の守備範囲がはっきりしていないので、どうしてもチーム内の仕事の状況、一緒に働くメンバーの様子を必要以上に気にかけてしまう。外資系企業の人事責任者の目から見ると、未消化の有給休暇日数の多さは信じられないという。

チーム主体の働き方が中心で、個人の仕事の権限や範囲があいまいだと、経営が傾いたときに実施される整理解雇でも個人ごとに格差をつけることができない。

もちろん、集団で仕事を進める良さもある。後輩の指導・育成が行き届きやすい、仕事上で何かトラブルがあっても社員間で互いにカバーが可能である、勤務に対する社員間の相互チェックが働きやすいという組織上のメリットもある。

日本の信託銀行で入行後まもなくして海外支店の開設に取り組み、30代で米国銀行に転職、数社で要職を務めたあとに、50代半ばで引退したN氏に話を聞いたことがある。彼は、年齢や性別に関係なく、権限を与えて仕事を任せる米系銀行のやり方に魅力を感じていた。

しかし年齢を重ねるにつれて考えが変わったようだ。

そして、「米銀は各社員の仕事の範囲が明確で、個人の責任を厳しく問う。誰もが一匹狼的になり、互いの競争心も激しくて精神的には疲れる職場だった。組織に所属する一体感はないし、ここでやるのはもういいかなあと思って次の道に進んだ」と語ってくれた。心の安らぎという点では、チームで仕事を進める日本の銀行を懐かしく思うこともあったそうだ。

力量のある社員を優遇すればよいわけではない

ここでは、チーム中心と個人中心のどちらが良い悪いといった二者択一的な発想をするのではなく、それぞれの仕事のやり方が人事評価に対してどのような影響を持つのかについて考えを深めておくことが大切だろう。

日本では、役職、役割に関係なく、結果的に能力の高い人が低い人の仕事をカバーすることによって仕事を進めているケースもある。

極端な場合には、力量のある部下が年功で昇格した上司を支える構造になっていることもあるだろう。役職と能力が逆転しているのでおかしいのは間違いがないが、互いに助け合うことが共同体の力を強める面もある。

特に、まだ経験が浅い社員に対して知識や技能を伝授して、支援して育てるということは組織の継続や、そこで働く構成員の納得感にも良い影響を与える。

相対的に力量のある社員に常に優先的に資源（給与・賞与）が配分される弱肉強食的な人事マネジメントの運用は、組織にとってメリットがあるのかどうかはデリケートな課題である。

こうして見てくると、職能資格制度、職務主義、目標管理制度、コンピテンシーなどの評価制度のどこかに正解があって、それを導入すればうまくいくなんていう方策はないことが分かってくる。

人事評価は公平に行うべきと主張する見解もあるが、どんな評価基準を導入しても客観的な評価などありえない。そもそも人の評価は主観的なものであり、感情を伴っている。先ほども述べたとおり、客観性、公平性よりも、一緒に働く社員たちから「うん、そうだ」という納得感をどれだけ得られるかがポイントになる。

自社の経営の特色などをきめ細かく検討しながら、最適な評価方法を作り上げる姿勢で人事部は取り組むべきであろう。

これ以降は、どう評価するのかという評価基準の「技術的課題」は、ひとまず横において、現実に人をどのように評価しているのかという点について、人事部の視点も入れながら検討したい。

日本の中間管理職は会社の外部者？

現在、私は大学で非常勤講師として、「学部学生のための会社学」という授業を土曜日に担当している。会社で働くという観点から、個人と組織の関係にポイントを置いて講義を進めている。

具体的には、ビジネスパーソンの仕事人生をライフサイクル（就活を経て入社してから、定年で退職するまで）で概観したり、学生が東証一部上場企業のうち、何社くらい、どんな業種の会社を知っているのかを調査したり、株式会社の基本的な仕組みを教えたりしている。

講義では、会社に絡む利害関係人を示して株式会社の構造を説明する場面がある。株主、仕入先、顧客、代理店、社員（従業員）、（代表取締役といった）経営者、労働組合などについて、会社とそれぞれの所有関係や契約関係などを明らかにしながら株式会社の全体像を把

図2　株式会社の構造

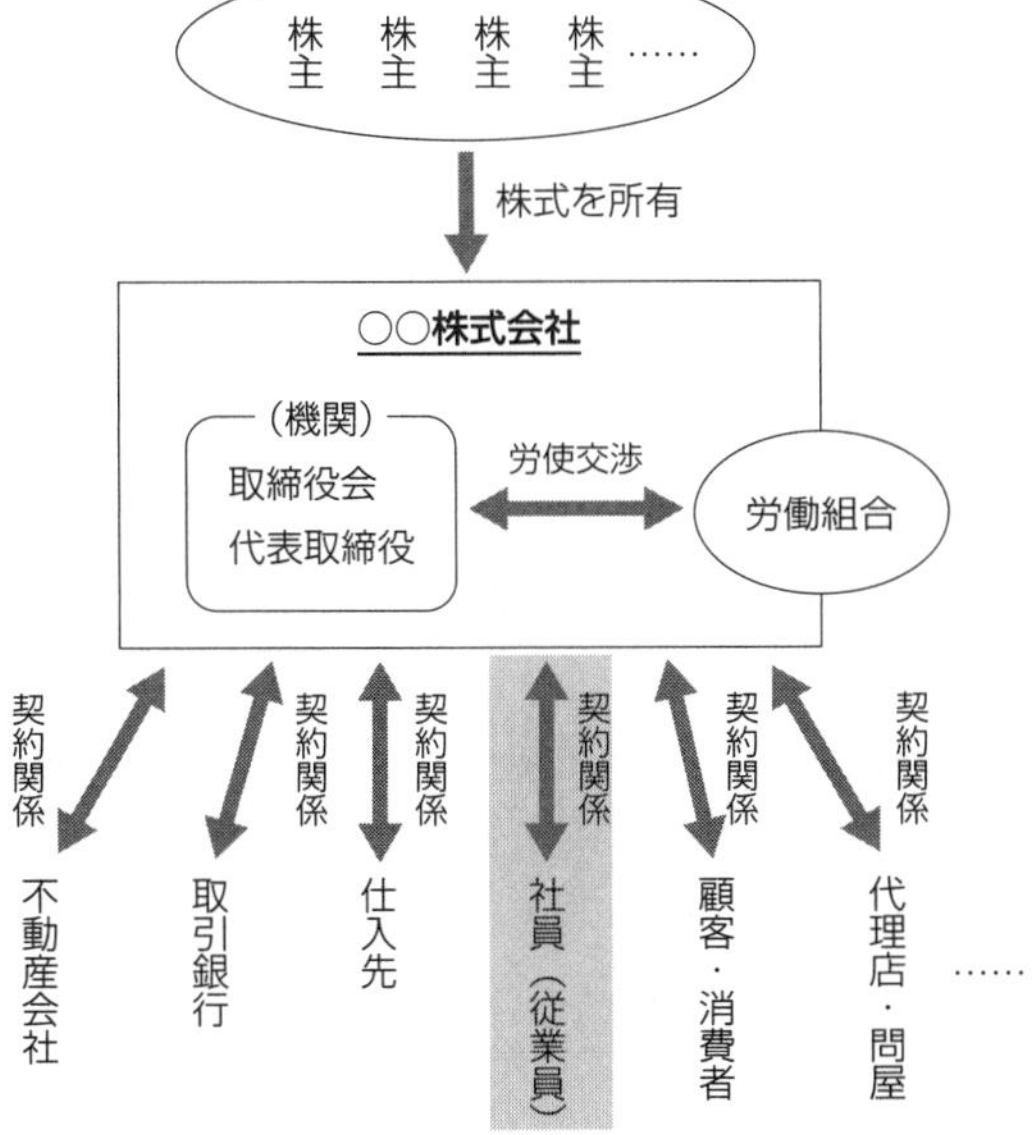

握してもらうように努めている（図2）。

この講義で学生が一番違和感を持つのが、社員（従業員）の位置づけである。図にあるように、社員は会社と契約関係で結ばれていて、仕入先や顧客と同列にあるのが彼らにとっては不思議なのである。仕入先や顧客が会社の外部者であることは理解できても、社員は会社内部の構成員だという意識が強いのだ。実際に会社に勤めている人もそのように感じているかもしれない。しかし経済学でも、法律上でも、社員（従業員）は企業にとって労働サービスを提供してくれる契約相手にすぎない。

元東京大学教授の岩井克人氏は、その著書『会社はこれからどうなるのか』のなかで、「日本のサラリーマンを会社の実質的な所有者とみなす従業員管理企業論のほうが、はるかに日本の実情をとらえていると思っています」と述べている。

たしかに社員と会社は契約当事者なのに、働く内容を詳細に決めた契約書を交わしているケースは稀であろう。就業規則があるといっても、これは会社と社員との権利関係を定めているのであって、個人と交わした契約内容ではない。民法の第６２３条は、働く内容を決めることを前提にしているので、日本の会社の雇用関係は、民法上の雇用契約といえるかどうか微妙である。

このような形式論だけでなく、たとえば社員が会社外部の人間であれば過労死なども起こりえない。多くの過労死事件を担当している川人博弁護士は、その著書『過労自殺』（岩波新書）のなかで、過労死、過労自殺の背景には、その社員が組織に呪縛された状況があると論じている。

それでは、社員は会社に対してどのような立場にあるのだろうか。先ほどの岩井氏は、次のように述べている。

「会社の外部の人間でもなければ、会社の所有者でもないとすれば、いったいサラリーマンとは何者なのでしょうか？（中略）会社の所有者でない会社の内部の人間とは、会社の経営者です。経営者とは、会社の代表機関です。（中略）日本の会社の場合、この会社の代表機関という意識が、少なくとも部分的には、法律上は単なる雇われ人にすぎない平社員にまで及んでいるのです」

もちろん会社法上、社員（従業員）は会社の代表機関ではないが、岩井氏の指摘は実態を突いた鋭い見方である。事実、日本の多くの企業では、出世の階段を上がってきた社員のなかから、会社の機関である取締役を選抜する仕組みになっているからだ。

昇格させる人は転勤させ、配置転換もする

都市銀行の元行員であるＯ氏は、支店長になって初めて部長・支店長会議に出席したときのことが強く印象に残っているという。この会議は、頭取や副頭取が経営の執行方針を幹部

行員に連絡、徹底する場である。

会議の出席者はすべて濃紺の背広を着た中高年男性で、大会議室に数百人が揃っているのに咳払い1つ聞こえない。頭取が登場するや一糸乱れずに起立して互礼を交わしてから話が始まる。学校を卒業してからずっと同じ銀行に勤めているメンバーばかりなので全員が顔見知りだった。

O氏は、銀行の幹部になるのは、ある条件を満たした同質的な人材ばかりであることにあらためて気がついたという。彼の言葉で表現すると会議のメンバーは、「大卒（ごくごく一部が高卒）、中高年男性（女性は、当時はほぼいなかった）、総合職（転勤族）、プロパー（中途入社はいない）」である。

入社年次の同じ社員を1つの群団として把握し、転勤や配置転換の繰り返しによって職務範囲を広げさせ、社員の仕事能力の熟練度を高めていくという人事運用がこの話の背景にある。同時に会社は、社員が各職場で受ける評価を積み重ねて、最終評価を長期的に確定していく。

そういう意味では、転勤、配置転換が、個人の仕事能力を高めるという点においても、人事評価を定めるという点においても大きな役割を果たしている。

もちろん社内研修による能力のたな卸しや、社外セミナーでの専門性の向上も大切である。しかし企業では、それぞれの職場での日々のオン・ザ・ジョブ・トレーニングによる能力開発が重要視されている。社員が同じ会社で長く働くことを前提としているからだ。

「転勤と人事管理に関する調査」*によれば、調査した半数の会社は、転勤を基準にして「総合職と一般職」のように社員を区分している。適用する賃金体系が異なり、転勤しない社員には昇格できるポストの上限を定めている場合などもあるようだ。

一般的には、総合職は、企画や営業、管理業務など業務全般に従事する社員で、転勤することもありうる職制である。一方、一般職は、事務や定型的な仕事、営業のアシスタント的な業務を行う職制で、基本的には転居を伴う転勤はない。

メーカーでも、1つの工場で定年まで勤める高卒や工業専門学校卒の現場社員と、本社や支店、工場、海外事務所などへの転勤、配置転換を繰り返す大卒社員とは、職制上も区分した運営がされている。当然ながら、総合職のほうが一般職に比べて、給与体系や昇進の可能性は高く設計されている。

若い頃は全国転勤をこなしながらいろいろな職場を経験してきた社員でも、年次が高くなると過去に経験した職場に配置されることが多くなる。一定の年数を経るにつれて、仕事能力の熟練にも目処がつき、評価も固まってくるからだ。その後は能力アップや昇格よりも安定的で効率的な組織運営のための配置に移行していくのである。

国家公務員のキャリア官僚とノンキャリア官僚とでは、入省時の採用試験の違いで出世の可能性を区分する。一方、民間会社の場合は、一定年数をかけた評価によってエリート層とそうでない層との区分をしていくことになるのだ。

（注）産労総合研究所と学習院大学との合同調査：「人事実務」２０１０・11／15号NO.1091掲載

どこにでも行く、どんな仕事もこなす社員

もちろん人事部は、社員の能力アップと昇格のためだけに転勤、配置転換を行うわけではない。新入社員時の私に引きなおして考えれば、仕事に飽きることを避けるという意味合いも大きかった。

私は入社してすぐに支店に配属されて3年半勤めた。初めは何も分からず右往左往してい

ても、3年目にもなれば、支店の中心になって仕事を回せるようになった。職場に長く在籍することと自体が力を持つのである。しかしそのまま10年同じ仕事をやれと言われれば、とてもモチベーションは保てなかっただろう。

先ほどの「転勤と人事管理に関する調査」で、企業が転勤を実施する目的を聞いた項目を見ると次のとおりである。

①　業務ニーズに合わせて人材を配置すること（79・4％）
②　組織を活性化させること（48・1％）
③　人材育成を進めること（51・3％）
④　能力や適性にあった配置を行うこと（52・3％）
⑤　昇進とキャリアアップの機会を与えること（31・9％）
⑥　育児、介護などの生活上の要請に応えること（12・5％）

このうち、昇格システムと関係を持つのは、③、④、⑤あたりである。

今までは、転勤、配置転換を繰り返しながら、社内のジョブトレーニングによって能力を高めてきた。そして各職場で力量を発揮してきた社員が高く評価された。一方、結婚、出産、夫の転勤などで退職するリスクがあり、転勤、配置転換に対しても支障が生じやすい女性社員が、出世から排除される構造になっていた。

先に、サラリーマンは、会社の代表機関である意識を持っている場合があると書いた。しかし出世の階段を上がって役員に選抜される候補には、先ほどの都市銀行の例のように女性社員は除かれていた。プロローグの会社で女性社員が人事異動にそれほど関心を示さなかったのも当然なのである。

現在は、これらの昇進の差異を生む根拠を、総合職、一般職などの職制の区分によって基礎づけている。ここでの総合職は、極端にいえば、「どこにでも行く」「どんな仕事もこなす」という無限定な働き方をする社員である。やはり女性の場合は、結婚して住まいが変わったり、子育ての時期に働き続けることが難しくなることがある。

最近は、女性の社会進出が活発になり、女性の登用も進んできた。ただ現実にはまだまだ過渡期の運営になっている会社も多いと思われる。

女性の働き方は変化してきた

3年前に、総合職を目指して採用面接を受けた私の娘は、「結婚、出産をしたら仕事はどうしますか？」と質問をされたことが何度かあったそうだ。

ここで私が就活に携わった3つの時点を軸に女性の採用や登用についてどのような変化があったかを概観してみよう。

①男性は仕事、女性は家庭の時代

私が就職した30年前は、大手企業の女性求人は、短大、高校卒に限られていた。当時は4大卒の女性に対しては、「入社してもすぐに結婚して辞めてしまうから」という理由がまことしやかに語られていた。5年ごとの国勢調査にある、25－29歳の女性の未婚率は、1975年当時は、20・9％だった（ちなみに2005年は、59％）。

「男性は職場に、女性は家庭で」という考え方が根強く残っていたので、この数値以上に女性はすぐに辞めるので重要な仕事を任せられないという風潮があった。当時はコース別の職制運用も行われていなくて、実際上は、男女という区分で社内の働き方や役職への登用が決まっていた。

②女性総合職の誕生

私が採用責任者を務めていた1990年代前半には、2つの大きな変化が生じつつあった。

1つは、4大卒の女性にも採用の門戸が開かれはじめたことだ。4年制大学への進学率が向上していたので、短大卒、高校卒だけに限定していては、いい人材を確保できなくなったからである。人事担当者が、大学に足を運んで一般職を採用することになったとPRしていた。

もう1つは、男女雇用機会均等法の関係から、女性の総合職採用が始まったことである。

このようにして4大卒の女性に対する制約が、一般職においても総合職においても緩和されはじめた。

当時は、女性総合職という言葉が、一般的に使用されていて、女性を受け入れる会社の側にも多少のとまどいがあった。「男性総合職」とは、あまり言われなかった。

いきなり現れた女性総合職に対して、人事部は、転勤などの処遇をどうするのか、現場の管理職は部下としてどう扱うか、業務の付与をどうするかと当惑することもあった。長く勤めていた女性社員も彼女たちにどのように接していいのか分からない場面も多かった。社内の職制を変えても、そこで働く社員の意識はすぐには変わらないからだ。

受け入れられる側の女性総合職はもっと大変だったに違いない。職制と職務の実態との狭間のなかで結果的に退職せざるをえなかった人も少なくなかった。同じ総合職でも、任される仕事の男女差にどうしても納得がいかずに退職した人もいた。

③優秀な女性をどう活用するか

娘が就職活動を行っていた2008年にもなると、男女の格差は形式上はなくなっており、女性の総合職採用は多くの会社で一般化していた。男女雇用機会均等法では、採用・昇進などでの男女間の機会均等が、かつては事業主の努力義務であったものが、1997年の改正で差別的取り扱いの禁止に変更されたからだ（施行は99年）。

私が非常勤講師をしている大学の商学部でも受講者の4割近くが女子学生である。私の学生時代は経済学部や商学部では女性はごく少数だった。

ただ総合職になると、仕事内容や勤務地が限定されないので、女性の場合は、出産・子育て、夫の転勤などで、仕事を続けることに葛藤を抱えるケースがある。その結果、転勤がない新たな職制をつくって、優秀な女性の採用・活用を図っている会社もある。

これらの女性の大きな変化に比べると、男性の働き方はこの30年間ほとんど変わっていない。08年の新聞記事で、総合商社丸紅が、9年ぶりに一般職の採用を復活させたと伝えられた。その記事には応募者に、数十人の男子学生がいたことが取り上げられていた。男性が一般職を目指すことはまだ記事になるくらい珍しいことなのだ。実際にも一般職で働いている男性は少ないだろう。この事例1つからも男性の組織での働き方はそれほど変わっていないことが推測される。

こうして振り返ってみると、男女雇用機会均等法の制定・施行以前は、雇用管理や人事評価の面で、男女の差別的取り扱いは常態であったといえる。

現在も差別的取り扱いが完全になくなったとはいえない。しかし流れは変わろうとしている。今後は社内の重要会議で女性や外国人の姿が珍しくない会社も多くなるだろう。

役員を選ぶ基準は忠誠心

入社十数年までは、それぞれの職場での評価が重視されるが、役職が上がるにつれて、上位役職者との関係がより大きな比重をもってくる。思い当たる会社員の方々も多いのではないだろうか。

関西に基盤を置く中堅ゼネコン（従業員約８００名）の二代目オーナー社長の発言の一部をある本*から引用しよう。

「（常務以上の幹部人事になると）こいつは忠誠心を持っているかどうかという判断は、日々の会話や言動の中からじっと見極めるわけです。馬鹿話しながらも、こいつは大丈夫かと見ているわけで、真剣さが違うから絶対に見抜ける。こいつ気持ちが離れていっているな、というのはわかるものです。

（中略）

やっぱり、社長というのは、常に究極の選択を迫られてもいる。いつも究極の選択を迫られている人間に何が必要かというと、自分を応援してくれる人間であり、私がこうしてほしいと言ったことを、ちゃんと忠実にやってくれる人間が近くにいるということが一番重要なんですね。だから常務以上の役員を決めるときは、私への忠誠心がいちばんの選考要因になるわけです」

すごく正直な発言であることに驚く。常務以上の役員を決める際には、自分に対する忠誠心が何をおいても一番の選ぶ基準になるという点だ。

彼の発言には組織における出世のポイントが含まれている。上位役職者になると究極の選択を迫られる場面があるのは、この社長と同じだ。私が支社長や本部の課長などの最終の決定権者になったときの経験を思い浮かべれば、彼の発言はある程度理解できるのである。

（注）『人事はどこまで知っているのか』（岩瀬達哉、講談社、２００８年）

社長は一番仕事ができるサラリーマン？

社内の女性社員が社長を見たというので、「社長はどうして社長になれたと思う？」と聞いてみた。彼女は、しばらく考えて「一番仕事ができるからかしら」と首をかしげながら答えてくれた。

東証一部上場機械メーカーで社長、会長、相談役を経験した人にインタビューをしたことがある。この元社長は70歳まで現役で働いた。

自分の後継者である次期社長を決めた当時のことを聞くと、

「後任の社長を選ぶときには、その役員だけではなくて、グループ単位で役職員の姿が見えてくる」という。

つまり、A副社長とB専務のどちらかを後任として選ぶ場合、A副社長を選べば、B専務に近いC取締役やD部長はラインから外れていき、逆にB専務を選べば、A副社長に近いE部長やF部長は役員にはなれないことが予測できるというのだ。

さらに元社長に、そのようなグループはどれくらいの役職の範囲に及ぶのかを聞いてみると、「基本は部長クラス以上で、一部は上位の課長クラスも含まれる」という。

「それはかつての自民党政権時の派閥と同じものですか？」と質問すると、「必ずしもそこまではっきりしたグループではない」と答えた。部長や上位の課長である本人はそれほどグループのことを意識していなくても、ほかの役員などから、「彼はA副社長（あるいはB専務）のグループだ」といった色付けで見られていることもあるだろうという。

ある新聞記者は、次期社長人事のスクープをねらうときには、現社長と後継候補だけではなく、彼らの取り巻きの役員、社員や取引先にも徹底して取材を行うと語ってくれた。やはりトップ人事というものは、1人の人格や能力だけでなく、グループ単位で見る必要があるのだろう。

ビジネスパーソンの上位層になると、「ヒキ」が大きなポイントになることも、元社長へのインタビューから読み取れる。

元社長は、「自分の立場を覆す可能性のある人物は後任には選べないだろうね」と正直に語った。自分に対する配慮も後任を決める際のポイントであるようだ。

最後には、「楠木さん、長く社長を続けられる条件は何だと思いますか？」と逆に私が質問された。うまく答えられずにいると元社長は、「できるだけ長く後任を決めないことです」と笑って送り出してくれた。役員の人事を決定するのは、トップの専権事項なのである。

彼へのインタビューで、後継者の決め方は重要であると再確認した。社長が自分自身との関係を中心に後継者を指名すると、適性のある人物は期待できなくなるだろう。

こう考えると、中国の国家主席と首相のような2人セットで政権を運営して、主席の後任は首相から選ばないという体制は妙味あるものに思えてくる。かつての船場商人のご主人と番頭との関係もそうだろう。またアメリカ映画にしばしば登場するボスのオフィスの入り口に座っている女性秘書のことも思い出した。彼女は、会社ではなくボスへの忠誠心で仕事を進めるパートナーなのだ。そして彼女は次期のボスにはならない。

支店長ポストを100万円で買う

3つの支店で支店長を務めた元銀行員から聞いた話である。

彼の先輩に、「支店長のポストを100万円で買った」と豪語する人がいたという。その先輩の直接の上司だった部長が無類のマージャン好きで、終業後はほぼ毎日のように会社近くにある雀荘につきあい、部長に対するマージャンでの負けがちょうど100万円になったときに、支店長の辞令を受け取ったというのである。

もちろん後輩に対する冗談ではあったのだろう。ただ実際の会社には、上司の趣味に合わせて休日ごとに一緒にゴルフに出かけたり、連日上司と酒場に繰り出す部下もいる。サラリーマンの世界は、上司の「ヒキ」を中心として組織が成り立っているからである。上司が部下の趣味に合わせることはほとんどない。

人の心をシンプルに見れば、他人に対しての感情は、好きと嫌い、または共感と反感に分けることができる。好きと共感は、互いを引きつけ、嫌いと反感は相手を遠ざける。

先ほどの一部上場企業の元社長の話は、企業トップの人事についてだったが、部課長クラスでも実態はそれほど変わらない。人事評価においてやっかいな存在である「相性」の根底には、好きと嫌い、共感と反感が横たわっている。

また、元社長は後継者を選ぶときに「グループが見える」と言っていた。好きか嫌いか、共感できるどうかという実に人間的な判断で、気心が知れた人たちが仲間になり集団をつくっている。嫌いで反感を持っている者同士は、集団やグループをつくらない。企業組織もその例外ではない。

部下の側が、上司との相性を修正しようとしたり、相性を無視してニュートラルな立場をとり続けるのは簡単ではない。表面的に取り繕っても相手には分かってしまうからだ。

結果的にエラくなる人と長く一緒にやれる能力

先ほども述べたように、かつて採用責任者だった私は、個性ある多様な人材をリクルートしようと意気込んでいた。ところが2年間私の横で面接の手配をしてくれた若手社員は、学生と少し話しただけで、私が採用するかどうかが分かるようになったと話していた。自分の持つ他人との相性から離れて「判断」することは難しいのだ。

松井証券社長の松井道夫氏は、日本郵船に入社後、現在の会社に移り、大胆な経営改革で地場証券会社を東証一部上場企業に育て上げた。彼は著書でこう語っている。

「トータルな人間として接したとき、当然、好悪の情が生まれてくる。そして、この感情が、『人』の実力を測る目安になると、私は思い始めている。今風の言葉でいえば、トータルとしてのライフスタイル・個性・価値観を含め、人のもつありとあらゆる力の要素をビジネスの尺度から総合的に判断するのである」

私は彼が日本郵船という伝統的な企業の社員を経験していることにも興味を持った。もちろん「好き嫌いで決める」とはいっても、自分一人の好悪の情ではなく、社員相互の気持ちもあわせて尊重するのだと彼は述べている。

私もこのあたりが、人を評価する際の本質ではないかと感じている。

外資系製薬会社の日本法人で人事本部長を務めた人に、なぜ本部長に昇格できたのか、その理由を尋ねたことがある。

彼は、「ヨーロッパにいる本社トップ数人と腹を割って話せる仲だったからだろう」と答えてくれた。彼よりも語学ができる社員はほかにもいたが、自分が最も本社トップ陣たちの懐に入ってコミュニケーションできたからだという。

こうしてさまざまな話を聞くと、人が人を選ぶ場合には、洋の東西を問わず、同じ仕組みがあるようなのだ。

つまり、大企業における課長クラス以上の「出世の条件」を私なりに一言で表現すると、「(結果的に) エラくなる人と長く一緒にやれる能力」ということになる。

まずはエラくなる人と「出会い、知り合う」こと

間違ってはいけないのは、この「(結果的に) エラくなる人と長く一緒にやれる能力」を持っている人は、世情言われるような、単なるゴマすりや茶坊主ではない。どれだけ忠誠心があっても仕事上の力量が身についていなければ引き上げられることは少ない。この仕事の力量とは、大組織の内部管理機構で政治的に活躍できる能力と言い換えることもできる。

ある証券会社の役員が、「営業で実績を挙げた社員を同期のトップで取締役に選任しても、専務以上の代表取締役になるのは内部部門で政治力を持つ役員だ」と発言したことが印象に残っている。社長の秘書役の経験が、トップに至る最も大切な条件になっている会社もある。基本的には、課長までと、それ以上の役職における昇進は異なる能力を要求されていると考えたほうがいい。

具体的な能力云々の前に社内で昇進の階段を上るための1つ重要な条件を挙げると、「(結果として)エラくなった人」と出会い、知り合うことである。誰だって、人となりを十分知らない人物を「ヒキ」上げることはできない。「同じ部署に在籍した」「職場は違っても一緒に仕事をした」「労使交渉で役員と組合員として渡りあった」「好きなゴルフで何回も一緒にラウンドした」など、同じ時間、空間を共有することが必要なのである。

実際に「ヒキ」上げるのは、その権限を持っている上司である。このため、客観的に能力があるとか、部下の人望があるというよりも、「(結果として) エラくなる (なった) 人」と出会うことが大切なのである。

入行30年の同期会に出席した銀行の元支店長が、「同期のなかで役員として残っている2人の共通点は、過去に頭取と同じ職場で仕事をしたことだった」と語るのを聞いたことがある。もちろん一緒に仕事をしたすべての社員が出世しているわけではない。しかし出会わなければ必要条件を満たさないのである。

いわゆるエリートコースや花形部門と呼ばれる職場は、そこで自分の能力を磨くことができるだけではなく、「(結果として) エラくなる人」と出会えるメリットが大きいのだ。

ある金融機関の元人事部長は、インタビューの際に、私に自らの経歴書を手交してくれた。そのときに彼が人事部長になった経緯を聞いた。

彼は長く支店と投資運用部門を行き来していたが、課長職当時の上司が人事部長に抜擢された。その2年後に人事の副部長として彼は転任した。その後、大型支店の支店長を務めたあとに人事部長に着任したという。そのときには、元の彼の上司は人事担当役員であり、その上司の「ヒキ」が大きかったことを彼は認めた。

いわゆる学閥というのも、そういう出会い、知り合う機会を提供する1つの装置といえるかもしれない。学生時代のことを話題にすれば、誰もが同じ土壌で語り合えるからだ。

また職場は違っても、社内の「一選抜」と目される社員同士は横のつながりを大事にしている。一選抜の人々の動きを見ていると、無意識的にも、この出会い、知り合う効用を引き出そうとしていると見受けられる。何人かの人事担当者に聞いてみると、みな同様な意見だった。

大手企業の内部管理機構で活躍できる能力

（結果的に）エラくなる人と知り合えたとしても、内部管理機構で政治的に活躍できる力量がなければ、その人は出世できないと書いた。では、その力量を満たす能力には、どのようなものがあるのだろうか。これには以下の3つくらいのポイントがありそうだ。

①上司に対する接し方

ビジネスパーソンは、どの職階においても直接の上司との関係が基本的に重要である。上司との関係がままならなければ社内で政治力を発揮することは絶望的となる。

まず大切なのは、その上司の得意、不得意を観察することだろう。そのうえで定期的にかつ簡潔に上司にさまざまな「報告」をすることだ。時には「相談」という形で、彼から意見や見解を引き出すことも忘れてはいけない。上司にとっては、部下への指導は自分の存在価値を確認できる機会となる。上司の周囲の状況、言動を把握しながら先手、先手を打つのである。

仕事以外でも、上司の家族構成、趣味、現在の関心ごとや悩みなどを知っておいて適宜、話題を提供したり、話を聞いてあげることが有効である。

ここで最も大きなポイントは「察する力」ということになる。人間関係のプロになると言い換えられるかもしれない。そうすればその上司の持つ力量や人脈を有利に活用できるチャンスが生まれる。

さらに上司自身が信頼する第三者から、自分の部下についての良い評判を聞くと、その部下への高い評価につながる。そうなるように仕組む高等戦術をとる部下もいる。

また上司の上司、つまり二段上の上司についても意識しておくべきだ。たとえば自分が課長で直接の上司が部長であれば、部長の上司にあたる担当役員である。

二段上の上司とある程度のコミュニケーションがあれば、直接の上司との間で見解の違いが生じた場合などに緩衝材の役割を期待できる。なんといっても二段上の上司は直接の上司にとっては自分の生殺与奪の権を握っている存在なのである。

自分とペアを組むことになった上司が物分かりのいい人物ばかりとは限らない。どうしても相性が合わない場合もある。独善的な上司に悩むケースも少なくない。しかし、そうした場合でも、部下からその上司に反論や意見をして変わってもらうことを期待するのは無理である。変化ができないから困った上司なのだ。

それでも正面からのケンカは避けなければならない。とりあうべき上司でないと割り切って、時間をやりすごしながら上司が変わるのを待つ手もある。

②他部課との調整は必須

課長以上ともなれば、他部課との調整は最も重要な仕事である。社内の組織間で志向する方向がズレていたり、利害関係が生じている場合も多い。他部課にはメンツにこだわる上司、腰の据らない上司、おごれる上司などがいて円滑な仕事を進める際の障害になることも少なくない。

かつて社内調整においてよく語られるフレーズを私なりに整理したことがある。

主要な3つを挙げると、

「(役員・上司の誰某には)きちんと説明したか」

「(役員・上司の誰某は)どう言っている?」

「(そんな話が進んでいることを)俺は聞いていない」

他部門との調整を円滑に進めるには、その組織で、どのボタンを押せば、話が進むのかをつかむ感度が大切である。上位職だからといって決定権を持っているとは限らない。年功で昇格した課長を優秀な係長が支えていることもある。また課に長く在籍している社員(たとえば「お局さま」など)にも話を通したほうがスムーズにことが進む場合もある。

基本的には、相手の組織そのもの、または組織間の状況を把握して、仕事の展開を先読みすることが必要である。また、ものごとをうまく転がしていくためには、職場の社員の理解を得なければならない。言葉や文章できちんと説明できる説得力が求められる。

組織間の調整を行っていると、仕事の本筋と離れたことにも取り組まなければならないこともある。目先の売上高や利益を捻出するためにつじつま合わせの営業に走るなど、目的と手段を取り違えた事象にも遭遇するだろう。

その際にも仕事を投げずに諦めないことが大切である。トップの心変わりや上位役職者同士の力関係によって勝手に課題が解決してしまうことも少なくないからだ。

他部課との調整という意味では、人事部との関係も考慮に入れておく必要がある。これは第五章において述べる。

③上司の枠内に収まる能力

中堅企業の社長が部下に忠誠心を求めていたり、大手企業の元トップが「自分の立場を覆す可能性のある人物は後任には選べない」と語ったり、といった話を紹介した。これらの発言に裏付けられるように、実際に自らが発揮する能力を上位役職者が望む「範囲内」に留めておくことも求められる。上司を安心させておくのだ。周囲から、茶坊主、ゴマすりと見えるのはこの部分である。

ただこれは相当高い役職者に求められる能力である。部長クラスまでであれば、外部の目がまだ多いので、存分に力を発揮してもそれほど影響を受けない。

ところがさらにその上の役職者になると話は変わる。部下から人望があり、業界内でも影響力を持つ人物が、必ずしも次のトップに収まるわけではない。特に安定的な大企業ではそうなりやすい。なぜなら、現在のトップが望んでいる能力の範囲に収まらない仕事をしてしまっているケースが多く、トップからすれば、自分が超えられることを恐れる意識を払拭できないからである。

「上司の枠内に収まる機能発揮」ができるかどうかは、その人の個性や性格上の向き不向きが大きく影響する。

私も人事部や企画部を経験して、この「(結果的に)エラくなる人と長く一緒にやれる能力」や「大手企業の内部管理機構で活躍できる能力」などを頭では理解できていた。しかし、「知っていること」と「やれること」とはやはり別物なのだ。

課長クラス以下までは実力勝負

第三章に登場いただいた人事担当者のことを思い出していただきたい。

彼は「人事部長は課長クラス以上の異動と考課を担当しているので、すべて合わせてもせいぜい100名が対象である。主要なメンバーは各個人ごとに把握できている」と語っていた。

一方、係長以下の1000人を対象とする人事担当者は、社員一人ひとりを見ることなんてできないのである。

少し割り切った構図を描くと、大企業では課長未満のクラスは人数が多いので、人事部は個人までは把握できない。そのため社員の評価において決定力を持つのは各所属長または上司の人事評価である。ここでは各職場での実務力も含めた力量が問われる。

社員数が100名を超えるような大きな職場では、部内に人事担当のスタッフ職を配置していることもある。部内で調整したうえで人事部とやりとりしたほうが、やりやすいからだ。その部内の人事担当は人事部とのパイプ役なのだ。

部内の人事評価を決める会議には、人事部のメンバーも入って、双方の見解を擦り合わせながら評価を確定することもある。表向きは絶対評価を謳っている会社もあるだろうが、基本的には相対評価なので、評価確定の作業は順位づけが中心となる。これが昇給やボーナスの査定、昇進者の決定などにつながる。

実際には、評価の厳しい上司もいれば、甘い管理職もいる。各職場での評価の格差を調整するために、人事部が課長や係長に登用する前に管理者能力に関する研修や個別面接を実施する会社もある。

職場での評価が高まった社員を、人事部が脚光の浴びる職場に異動させることもある。さらなる能力が発揮できる、あるいは力量を試す場を与えるのである。同時に花形職場は、エラくなる人と出会える機会も提供する。結果として、職場で成果をあげたことに対する大きな「ご褒美」となる。

課長未満の社員についての評価も、もちろん上司の好き嫌いや互いの相性に影響は受けるだろう。しかし適正、かつ公平な人事評価を行う牽制が一定程度は効いている。なぜなら管理者が、部下同士、あるいは仲間内の人物評価とかけ離れた判断を下すと、職場の支持を失い、日常の業務運営に支障をきたす恐れがあるからだ。またひいては、自分の評価を下げることにもつながりかねない。

部長クラスの出世を人事部から見れば

部長クラスの人事になると趣は異なってくる。人事部長から見ても、部長の人数は少ないので全員の状況が手の内に入っている。

しかも同じ会社で30年近くの年月を経ているので、役員やほかの部長との相性、好き嫌いや共感・反感の具合も見きわめがつきやすい。役員と人事部長とのやりとりでも、役員が自分の部下になる部長は固有名詞で指名するのが普通である。

上位役職への登用となればなるほど、対象者が絞られているうえ社歴も長くなっている。そのため相性が強く絡んできて、トップの意向やグループ間の力学が強く働く。また当該部長に対する評価が、部下からの人望や実際の管理能力からかけ離れた結果であっても実証することは難しい。人事部からすれば、調整の役割をなんとか担えるくらいである。

同じ部長職でも、担当する職責によってある程度の序列がついていることが少なくない。

花形である部署や有力な部門のライン部長であれば、役員候補と見立てられやすい。そういう部門はトップ層や役員と仕事をする機会が多いので、上位役職層の「ヒキ」を得るチャンスにも恵まれている。

人事部長は、トップ層や役員の意向を考慮に入れながら人事案を作成していく。取締役候補者の原案を作成するケースもあるので、トップとの調整の機会が多くなる。

人事部長自身も、有力なライン部長であり、役員候補の最右翼になる。本人の能力もさることながら、経験している部門や経営者との関係が昇進昇格の条件を満たしているからだ。

海外部門の経験が必須の役員ポストなどであれば、その分野のスペシャリストが登用される場合もある。また、営業重視を示すために、営業で実績をあげた社員を最短年次で役員に選任することもあろう。

しかしこのような人材は、トップまで上がることはあまりない。「(結果的に) エラくなる人と長く一緒にやれる能力」が相対的に低いケースが多いからだ。

これが、伝統的な日本企業の「出世の構造」である。

第　五　章

正義の味方は しっぺ返しを受ける

人事は裁量権が残されている仕事だ

ある大手企業の元人事担当者から聞いた話である。

障害者に対する雇用が現在のように企業に義務付けられていなかった頃、彼は採用を担当していた。

ある日、本社で働く事務職員の面接にやってきたのは20代前半の女性だった。彼女は足が不自由で、ほかの人と同じ速さで歩くことはおぼつかない感じだった。

面接で30分くらい話をすると、性格も良くて受け答えもきちんとしていた。面接の最後に、「今後の夢は何かありますか？」と質問したところ、「かわいいお嫁さんになることです」と屈託のない笑顔で答えたのが印象的だった。重要なポイントになる事務能力テストの結果を見ると水準に達していた。

ただ足の様子からすると、満員の通勤電車で本社に通うのは無理に思われた。事務職員なので時差出勤などの制度もない。近くで彼女を配置できる支店もなかった。しかし彼はどうしても彼女を採用したくなったという。一緒に面接をした係長にもその旨を話した。

どうすればいいかと考えながら翌日出勤すると、係長が、「郊外にある事務センターなら要員の空きが1名あります」と言ってきた。残業して1名の枠を捻出してきたのだ。おそらくその事務センターの事務量を多少過大に見積もったのだろう。

彼は、「自分は言うだけで何もできないじゃないか」とつぶやきながら係長に感謝した。

事務センターなら郊外にあるので空いた電車で通うことができる。ただ職場の責任者がOKしてくれないと配置はできない。その事務センター長とは、以前にある個別課題を一緒に解決したことがあり、頼み込んでみようと思った。

センター長は、「うちの職場は、多くの女性が淡々と事務をこなしているので、そういう社員を受け入れることによって仕事以外の協力体制も進むでしょう」と快く引き受けてくれた。また、「人事部には以前の借りもありますから」と笑って応えてくれたという。

それから十数年たったある日、彼は本社のエレベーターで、ばったり彼女に出会った。研修か何かがあって本店に来ていたのだろう。

「僕のことを覚えていますか?」と聞くと、「はい、もちろんです。面接のときはお世話になりました」と当時と変わらない笑顔で答えてくれた。一瞬、夢の話を聞こうかと思ったが言葉は呑み込んだ。

書類を腕に抱えてエレベーターから出る彼女の後ろ姿を見ていると、当時よりも足どりが力強くなっていることに気がついた。仕事で得た自信がそうさせているように彼には見えたという……。

何度も述べたように人事の運用は経営との関係に大きく規定される。しかし人事部員の一つひとつの判断には裁量を発揮できる余地があることも事実なのだ。

また現場のラインマネジャーと人事部員の関係が円滑であれば、人事部員の裁量も膨らむし、組織に対して付加価値を与えることができるのである。

ラインマネジャーのバックアップを

人事部の役割は、各職場の課長や支店の次長などのラインマネジャー（以下、マネジャー）が、各組織を運営するのを支援することであり、代行することではない。

第三章でも引用したように米国の代表的な企業の1つであるヒューレット・パッカードでは、会社設立から18年間人事部がなかった。

「部下が管理者に相談しやすく、管理者が部下の悩みや不安に敏感である必要がある。人事部があると、この管理者と従業員の直接の関係に割って入る可能性がある」と考えていたからである。

高度成長も終わり、雇用保障を前提とする一律的な人事管理が難しくなってきた。あらためて人事部とマネジャーとの関係を見直すことが求められている。両者の擦り合わせがより大切になっているのだ。これは健全な職場運営のポイントでもある。

また120ページに登場いただいた外資系製薬会社の日本法人の元人事本部長によると、彼の会社では、マトリックス人事というやり方を実施していたという。

各人事部員は、人事部に籍を置いて採用や人事考課などを担当しながら、同時にマーケティング部門や財務部門で人事に関係する仕事もこなす。2つの立場を持ちながら各部門をサポートする役割を背負っているのである。

これは人事部と各職場との連携を円滑にしようという取り組みである。人事部が本部化して、各職場と乖離してしまうのを防ぐために行っているという。

また昨今は、現場のマネジャーの負担が大きくなっている。人事評価を例にとれば、部下の仕事遂行の過程をきっちり把握して、その評価結果を本人や上司に説明して納得させる必要がある。マネジャーは、部下に対する育成者と評価者の役割を同時に果たすことを求められている。

また従来に比べて部門や会社の枠を超えた共同作業が増えている。しかし組織や内部体制は旧来のままなので、その調整に手間を要する。

窓を背にした席で部下の仕事ぶりをチェックしながら、彼らが起案してきた案件に印鑑を押せば足りた時代にはもう戻れない。オフでも仕事が頭から離れないマネジャーが少なくないのが現状だ。

現場のマネジャーと人事部はどんな「やりとり」をしているか

実際にマネジャーと人事部門との間でどのようなやりとりがあるのだろうか。かつて人事担当者、専門職の人事課長、支店次長だった当時を思い出しながら考えてみる。

３０００名の社員を対象とする人事部員のときには、個々の社員と直接やりとりすることは無理だった。実際にはマネジャーと連携しながら仕事を進めていくことになる。

マネジメントの主役は、あくまでも社員と日常的に接する個々の課長や次長である。人事部門がいくら権限を持っていても、彼らからの情報に頼らざるをえない。だからまずは課長や次長個々人の人柄や判断基準を把握することが人事担当者に要求される。

同じ内容でも、発言者によって、「普段は何も言わないA課長があそこまで言うのだったら、至急支援が必要だ」とか、「B次長の要求はいつも誇張があるので、少し時間を置いて様子を見よう」といった個別の重みづけをする。そうでないと、声の大きなマネジャーが有利になり、人的資源の配分の点からも好ましくない状況が生じる。当時の80名の本部の課長、支店の次長の名簿を見れば、全員の顔と判断基準をほぼ思い出すことができる。

一方、約100名の専門職を担当した人事課長のときには、個々の社員の性格や行動予測がつかめているので、マネジャーと対等の立場で話ができる。個々の社員に対しても自らが当事者になってやりとりができた。

現場で働いているマネジャーにとっては、人事の仕事は全体の一部である。たとえば支店次長の仕事は、資金の管理、営業面のフォロー、顧客への対応、事務所の不動産管理、コンプライアンスの確保など日常的に諸々の案件をこなしている。

またその職務の一部である人事の仕事もいろいろある。私の支店次長時代には、一人ひとりの勤務管理・残業管理、目標管理の運営、職務の担当変更、ワークライフバランスなどの諸々の対応が求められていた。同時に個別の課題が常に発生している。ほとんどは現場で解決されるので人事部に相談する案件はそのうちのごく一部である。

異動構想の提出と人事評価の原案作成

マネジャーと人事部との間で、最も重要なやりとりは、異動構想の提出と人事評価の原案作成である。

異動構想とは、翌年度の体制を頭に描いたうえで、誰を転出させてどういう人材を転入させたいかの原案を人事部に提出することである。それをもとに人事部と現場が意見交換して人の体制を決めていく。異動構想の作成に先立って社員から自己申告表を提出させる会社も多い。

権限を持っている人事部であれば、最終決定は人事部が行う。各マネジャーを束ねる本部長に権限があるときには、人事部に対しては報告事項となる。

人事部は原案をもとに、マネジャーとやりとりしながら転出、転入、昇格を検討する。このとき、個々の社員の仕事ぶりや職場の課題も浮かび上がってくる。

第三章では、人事部が情報を集めるには、公式の場面に限ったほうがよいと述べたが、この異動構想に基づく相互のやりとりはその絶好の機会である。

人事評価については、マネジャーは各部下のその年度の評価を行って人事部に伝える。年に2、3回評価を行う会社もある。その後人事部の最終調整を経たうえで、翌年度の各社員の昇給額が決まり、ボーナスの査定にも影響する。今後の昇進に関する重要な資料になることもある。個々社員の公式な評価が決定される場面である。

昨今は、人事制度や評価制度の改定もたびたび行われるので、各マネジャーが制度の趣旨を理解できるようにきめ細かい対応が人事部に求められている。

現場から見ても人事の仕事の中心は異動と評価なのである。

個別案件こそが人事部の存在意義

人事部には多くの個別案件が相談として持ちこまれる。たとえば、課員が病気により会社を長期に休まなければならない場合などである。最近はメンタル面での休職者も多くなっていて、後任者をどうするかも課題になってくる。工場での事故や通勤途上での労働災害の適用が問題になるケースもある。事情の変更や業務の繁忙を理由とするマネジャーからの増員要求も少なくない。また就業規則上の賞罰規定にも関係するセクハラ、パワハラ、個人情報保護などの案件もある。

人事評価に対する社員からの異議申し立てや、職場で生じた社員間のトラブルに関して人事部が介入しなければならないケースもある。

人事部は常に個別課題に追われている。それぞれの職場にとっては、課題の発生は年に何回かのことでも、50を超える部課がある会社の人事部にとっては、いつも何かが発生しているという状態になる。このような個別課題についても、人事部とマネジャーの連携が求められる。

重大なトラブルが発生した場合は、現場のマネジャーが立ち往生して業務が回らなくなることもある。そうすると、人事部などの本部からの支援が大きな力になる。場合によっては、顧客や労働組合、労働基準監督署など社外への対応もポイントになる。

こうした個別課題の解決を通して、社内制度の矛盾や改善点の発見につながることもあり、結果として組織のパフォーマンスが向上するケースもある。

このように、個別課題にきめ細かく対応することは、各職場を支援することが役割である人事部にとって、存在意義そのものなのである。

先述した異動構想や人事評価に関するマネジャーとのやりとりの際も、その背景にどういう課題があるのかについて人事部は常にアンテナを張っていなければならない。単なるルーティンにしてはいけないのである。

マネジャーの側も人事部と相談するなかで自らの職場の課題に気づくことがある。人事部とマネジャーとの間には、課題の解決を通して気持ちのうえで貸し借りが生じる。さらに管理者研修、ライン長に対する連絡会などでは得られないコミュニケーションもそこから生まれる。これが互いの理解をより深めるのである。

人事部としてはマネジャーが相談しやすい雰囲気を常に保っておくことが大事である。マネジャーのなかには、人事部のことがよく分からないがゆえに、相談したいことがあっても協力を求めない人もいるからだ。

正義の味方になるとしっぺ返しを受ける

人事部は、各職場のマネジャーをバックアップするのが基本であるが、現場のマネジメントが機能していない場合、あるいはマネジャーが自らの欲望を満たすために権限を行使するようなケースがあれば、直接介入して毅然とした態度で臨む必要がある。

これが人事部のバックアップ機能であり、監査機能でもある。

人事部員の側も、仕事相手となる個々のマネジャーについて、好き嫌いがあることは否めない。過去に私が人事部員として対応した80名のマネジャーの名簿を眺めてもそう思う。きっと私自身の欠点を相手に投影していたのだろう。

人事部員は、偏った思い込みに陥らないように、マネジャーだけでなく、その職場の部下の意見にも耳を傾けなければいけない。一人ひとりの社員の残業状況もウォッチする。また労働組合との交渉のなかで職場の課題が把握できるケースも少なくない。

関心を持っていれば情報が飛び込んでくる。職場の課題とマネジャーのスタンス、配下の社員の働きぶりのつじつまが合っているかどうかの視点で見ることが大切だ。

「この部下は責任感がない、仕事ができない」と頭から訴えてくるマネジャーもいたが、あまり信用できなかった。気をつけるべきは、自分の観点からしかものごとをとらえず、部下の育成に関心のないマネジャーである。部下には厳しく目先の数字を追わせるのに、自らは評論家の立場で批判ばかりしている管理者である。

部下を批判するマネジャーがいれば、彼自身が、その批判のベクトルは自分にも向けられているのだと理解しているかどうか、それがマネジャーが組織や部下に愛情を持っているかどうかを見分けるポイントである。

マネジャーが人事部とやりとりする機会に自分をアピールしたい気持ちがあるのは当然であろう。猟官運動を目的に手の込んだやり方であれこれ言ってくる管理者もいる。彼の主張は、職場のため、部下のためなのか、それとも単に自分が出世コースにのりたいからなのかを見きわめることが求められる。

私にも経験があるが、人事部員が、マネジャーやその部下に思いを入れすぎて、なんとかしてやらなければならないと「自分が正義の味方」になれば痛いしっぺ返しを受ける。どうしても客観的にものごとを把握できなくなるからだ。また自分ができることを過大視しがちになる。相手に思いを込めるのは大切だが、同時に視野が狭くならないよう距離を置いて見守るという一見矛盾した対応が求められる。

人事部員は、自分がコントロールすることによって簡単に職場のパフォーマンスを向上させることができるとか、努力すれば必ず効果が表れるといった錯覚を起こしてはならない。

できる部下を抱え込み、できない部下を放出したがるということ

ここで注意しておくべきは、人事部や各職場の所属長が持っている人事権は、個人や役職者の権利ではなくて、経営権の1つであるということだ。

だから人事権を自分の権限であると錯覚して、部下や後輩に威張り散らしたり、彼らの人生をコントロールできるなどとは決して思ってはいけない。それは会社の権限を私物化する行為である。人事に携わる者ほど人事権が会社組織の権限の一部であることを肝に銘じておくべきなのだ。

また、マネジャーは、人事部に指導を仰ぐとか、管理されているというような消極的な姿勢ではいけない。人事部にきちんと職場の課題や主張を伝える姿勢でやりとりすべきであ

る。何度も言うが、職場運営の主役はマネジャーなのである。なんでも「はいはい」と人事部の言いなりになると相互の正しい関係が生まれない。

私は人事部とマネジャーの両方の立場を経験したが、双方が課題に対して関心が薄いことが最も恐い。むしろ互いの主張が対立しているくらいのほうが、良い結果をもたらす。両者の対立点を明確にする作業が、次の新たな一手を生み出すことがあるからだ。

マネジャーのなかには、組織の課題を明らかにせず、逆に隠そうとする人もいる。それは自分の立場を守るためであったり、あるいは部下に不利益を及ぼさないことを目的としていたりするケースもある。

たとえば、部下がメンタル不全の状況になったときに、人事部に知られると部下の昇進に影響すると配慮しすぎるケースもある。隠し続けるとかえってうまくいかないことが多いのだが、この事例では人事部とマネジャーが「相談できる関係」になっていないのだ。

マネジャーは、人事部に相談に行く前には、短時間で簡潔に説明できるように準備しておくべきである。人事評価の場面で、人事部員から申請の優先順位や各社員の評価の順位づけを問われたときに、その場でとまどうマネジャーは少なくない。課題をはっきりさせて、主張点の重みづけをしておかなければならない。何を捨てて何をとるかを決断して、そのプロセスを言葉にしておけば、人事部と課題を深く共有できる。人的な経営資源は有限なのである。

部下の希望をかなえてあげたいという観点だけで、人事部とやりとりするマネジャーもいる。こうした場合、私的な感情が入っているので円滑にものごとが進まない。あくまでも会社の人事権限に基づく役割発揮であることをここでも忘れてはいけない。

また、「できる部下」を自らの職場に抱え込みたがるマネジャーも少なくないが、部下本人の可能性の芽を摘むことにも配慮すべきである。

マネジャー自身がきちんと育成したかを顧みず、「自分と合わない部下」「仕事ができない部下」をやたら転出させたがる傾向もある。このようなマネジャーに、「それでは補充なしの減員でもよいか」と問うと、すぐに主張を引っ込める人も多い。職場に余裕がなくなっていることは理解できるが、現有のメンバーでやりくりすることと、円滑に職場を運営することとの矛盾にもっと悩んでほしい。そのうえで人事部に相談すれば、新規に投入すべき人材が見えてくることもある。

マネジャーが組織の運営や部下の育成に使命感を持てば、おのずといい結果につながる。それはマネジャー自身の評価にもつながるのだ。

交渉する労働組合もいろいろ

次に、社員と人事部との関係で大切な役割を担っている労働組合について若干触れておきたい。

日本の一定規模以上の会社の労働組合は、企業内労働組合かその連合体が中心である。欧米が企業外の横断的な組織であるのとは対照的なのだ。また日本の労働組合の多くは正社員のみを対象としている。

加入資格を持つ社員全員を組織しているユニオンショップ型の企業内組合は、周囲から「御用組合」と揶揄されることもある。賃金の決定などについて両者は激しく対立することがあるが、長期的に見れば、会社の存続・発展を共通の目的にしているからだ。

山一證券が倒産したときに、労働組合の交渉力は、あくまでも企業の存続を前提とした利益配分であることが明らかになった。

労働組合での専従が出世コースにあり、組合の委員長の経験が役員への登竜門になっている会社もある。この場合、労働組合が会社の1つの機関ともいえる存在になっている。専従者や組合役員は会社のポストなのである。

労使交渉は、人事部が公式場面で情報収集ができる機会でもある。交渉で個別の職場に関する課題が取り上げられると、人事部がその職場の課長や次長からヒヤリングをしたうえで組合側に回答することもある。

労組から、いつも残業が多い職場として指摘されると、どのような理由や背景があるのか、日常の運営はどうなっているのか、増員は必要なのかなどを課長や次長と意見交換しながら検討する。人事部員は、労働組合とマネジャーの双方の話を聞くことで課題を立体的にとらえることができる。

もちろん労働組合は、このようなユニオンショップ型だけではない。同一企業内で、組合運動の路線の違いや対立から複数の組合が併存している場合もある。

私が出向して人事担当部長をしていたときにも、その会社には複数の労働組合があって、それぞれの組合と労使交渉をしていた。映画にもなった山崎豊子氏の小説『沈まぬ太陽』では、モデルである日本航空の労働組合間の対立が描かれていた。

また加入員が少数の組合の組合員は、企業外にある組合に加入していることもある。こうしたケースでは、企業外の組合員が労使交渉に参加することがある。これらの労働組合は、経営と対立し、その主張においては、会社側の提案に対して絶対反対で首尾一貫しているケースが多い。議論の内容が経営に対する批判に行きつくので、経営と人事の関係を見つめなおす機会になることもある。

「楠木さんは、30分しか彼のことを見ていない」

ここで、私が課長代理として人事の仕事に携わっていた頃の最高の思い出を紹介したい。この話でもマネジャーとの連携が絡んでいる。

その年の採用面接がそろそろピークを迎えつつあった6月下旬のことだった。ある大学の伝統ある体育会系サークルで活躍していた学生を私は不採用とした。その翌日の夕刻、彼を推薦していた若手社員のリクルーターたちから、「もう一度面接をしてほしい」という申し出を受けた。人事課長は、「個別にリクルーターに説明していると、きりがなくなる」との理由で、「彼らとは会うな」と私に命じた。

少し迷ったが、リクルーターたちがあまりに真剣だったので、課長の命令に反するのは承知のうえで、私は彼らに別室に集まるように指示をした。

体育会系の屈強な10人ほどのリクルーターが、「楠木さんは30分しか彼を見ていません。しかし私たちは4年間ずっと彼を見てきたので、いかに素晴らしい人物であるかが分かっています。ぜひもう一度面接をしてください」と連名の手紙を私に渡した。

それを受けて私は、「僕たちが営業に行っても、30分もしないうちに、お客さんから評価を受ける。30分の面接と言うが、この時間内にプレゼンできる素養が試されているのだ。しかも私はきちんと面接して決断した。だから彼の不採用は動かない」と言い切った。

それに続けて私は、「しかし後輩に対してこんなに熱い思いを持ってリクルートに取り組む君たちが本当にうらやましい」とも話したことを覚えている。私自身は、人事部の役付者に直訴するほど採用する学生に対して強い思い入れを持ったことはなかったからだ。真剣な彼らの顔を見ていると最後は感極まりそうになった。

人事部の自席に戻ると、話の内容を彼らから聞いた入社2年目の人事部員が、「楠木さん、彼らと話してよかったと思います。A君なんか泣いていました」とそっと教えてくれた。

採用が一段落したとき、人事課長は、「今年の楠木君の担当した大学はいい採用だったな」とねぎらってくれた。リクルーターと会ってしまったという命令違反はお咎めなしとの意味もあったのだろう。この体験を通じて彼らリクルーターとは互いに深く理解できた感じがした。

後日、リクルーターの1人から聞いた話によると、彼は私に直訴する前に自分の上司である課長に相談したらしい。そのときにその課長は「楠木なら直訴してもいいんじゃない」と言ってくれたそうだ。それは私にとってとても嬉しい一言だった。

がんばれ人事部員

さて、現在、人事の仕事を担当している方々には、大変な状況は一杯あるだろう。

経営者からの要求と現実とのギャップに悩んだり、社員からの批判や不満にさらされることも多く、長時間の労働組合との交渉に疲れを感じ、人事制度の改定に伴う膨大なシミュレーション作業に追われ、会社が向かう方向をなかなか理解してくれないマネジャーに手を焼いたり、早期退職者の穴埋めの人事異動に苦慮するなどなど……。

今回、現役の人事担当者からも多くの悩みを聞いた。

本章の冒頭の障害者雇用の事例に見るように、人事の仕事は個別の判断業務が多く、限られた範囲であるとはいえ自分の裁量を確保できるのである。

私が人事部にいたときの同僚は、「縁の下の力持ちとしてがんばっている若手社員の思いに、なんとか応えたい」と、知恵を絞りながら各職場の課長と交渉していた。彼は、若手社員たちが「将来このような人になりたい」と思えるような社員をなんとかその職場に配置したいと考えていたのだ。

多少の手当がつくよりも、自分たちの話を聞いてくれる魅力ある先輩や上司が職場に来れば社員の意気は上がる。しかしそのような人材は常に不足しているので、ほかの職場の課長たちに無理を言って転出させようとしていたのだ。そこまでしなくても人事部員としては問題ないのだが、彼は自分で自らの裁量を広げようとしていたのである。

人事担当者が、一つひとつの判断に「社員の誰もが、交換不可能で比較不能な存在なのだ」という思いを込めることができれば、各職場の課長や次長との擦り合わせを有効にできるし、その思いは現場の社員にも伝わっていくのではないか。

「5人不足であれば、とにかく別の部署から異動させればいいじゃないか」「A君は、B君に比べて能力が劣る」など、社員をあたかも将棋の駒のように発言する人事担当者やマネジャーがいないわけではない。しかし彼らも、会社というシステムのなかで、一時的に感性が鈍っているだけだろう。

重要なキーマンは、やはり人事担当者だと思う。採用一つをとっても、どういう組織で働くかは、一見世俗的なことに見えながら、採用される当人にとっては、生き方そのものにかかわる重大な課題である。転勤や役職登用、退職勧奨にしても、その人の生活、人生に大きく影響することは言うまでもない。

だからこそ、人事担当者の方々には、職場とのコミュニケーションのなかで、自らの裁量を広げていってほしいと願っている。

第 六 章

曲がり角に立つ人事部

映画にも表れる日本の雇用の曲がり角

山田洋次監督のシリーズ作品、映画『学校Ⅲ』では、いろいろな事情で仕事を辞めざるをえなかった人々が登場する。

経理事務をアウトソーシングするとの理由で突然解雇された中小企業の女性事務員、退職勧奨にしたがって辞職した大手証券会社の部長、定年まで2年を残してリストラされた生命保険会社社員、不況で事業が続けられなくなった町工場の社長、近所にできた量販店に抗することができずに店を閉めざるをえなかった電気屋の主人、バーの経営が立ち行かなくなったマスターなど、さまざまな人が人生の再出発をかけて、都立の技術専門学校で学ぶ場面から物語は始まる。

日本では1990年代後半から働く場を失い、雇用を打ち切られるリスク（以下、雇用リスク）が一気に顕在化した。そういう意味では95年が、いろいろな意味で潮目になった年であった気がする。

元大蔵省局長が社長に就任して経営再建に乗り出した兵庫銀行が、戦後初の銀行の経営破綻となった。同時にマイクロソフト社がウィンドウズ95の日本語版を発売してソフト化経済の嚆矢となった。阪神・淡路大震災や地下鉄サリン事件が発生した年でもある。

その後97年11月に都市銀行の北海道拓殖銀行が経営破綻、同じ月には、4大証券の一角だった山一證券が自主廃業、翌年の秋には、日本長期信用銀行が経営破綻して、雇用リスクが一気に表面化することになった。この映画『学校Ⅲ』の公開は98年である。

それまでは「雇用は守る」と言い続けた経営者も少なくなかった。しかしその約束は、「経営上困難にならない限りにおいて」という条件がつくものであった。

昨日まで一緒に働いてきた仲間に一方的に解雇を言い渡すことは、どんな国のどんな企業においても厳しい仕事であることは間違いない。2010年に公開された米国映画『マイレージ、マイライフ』(UP IN THE AIR)を見ると、米国でも社員にリストラを言い渡すことがいかに大変かがよく分かる。かつてのＩＢＭやヒューレット・パッカードはレイオフをしない会社で有名だった。

56ページで紹介した労務行政研究所の企業調査で、人事部員に聞いた「最も大変だったエピソード」でリストラに関することが圧倒的に多かったのは、ある意味当然である。

「雇用リスク」をどのように配分するか

考えてみると、1990年代半ばに至るまで雇用リスクが本格的に議論されなかったことのほうが異常なのかもしれない。

長期にわたった経済成長が、社員に対して雇用は永続的に続くと思わせ、経営者にも「雇用は守る」と安易に言わしめるほどの力を持っていたのである。

高度成長を支えた繊維産業を見れば、第二次世界大戦当時の10大紡績会社のうち日経平均株価算出の採用企業に残っているのは東洋紡など4社のみで各社の時価総額も現在はそれほど大きくない。私は、都会の庶民的な商店街で育ったが、そこでは毎年何件かの店がシャッターを閉め、同時に新しい店が生まれるのをいつも見てきた。

市場経済を前提とする限り、一企業が永遠に存続することはありえない。同時に雇用調整をせざるをえないリスクも避けられないのである。

先ほど紹介した映画『学校Ⅲ』では、2人の主人公が退職する場面が描かれている。

中小企業で勤めていた大竹しのぶ扮する女性事務員たち3人が、社長から委託を受けたコンサルタントから突然「経理事務のアウトソーシングが決まった」との理由で解雇される。一方、小林稔侍扮する大手証券会社の部長は、「50歳以上の社員は全員退職勧奨の対象になる」との社長からの話を受けて辞職する。応じなければ、役職から降りて全員が外勤になるとの条件が突きつけられた。

同じ正社員でも大手企業の社員には、退職勧奨に伴う退職金加算があるし、厳しいながらも勧奨に応じないという道も残されている。それにひきかえ中小企業に勤める経理部の女性社員には、解雇予告手当の支給があるとの言い渡しがあるだけで即時に解雇である。

これを見て大企業と中小企業との労働条件の格差はけしからんとする見解もあるだろう。別の視点としては、経営が厳しくなった時点で、どの仕事を担当するどの役職の社員にどのような雇用リスクを負わせるかという課題が顕在化してきたともいえるだろう。

なぜその証券会社では、50歳以上の役職者（全員が男性社員）が対象となったのか、また、なぜその中小企業では、経理担当の女性全員が解雇の対象とされたのかについてを検討する観点である。

契約形態や勤続期間の長短、取り組む仕事の有用性、かかる人的コストの高低、もちろん個人の仕事の力量も関係してくる。ただ映画の内容もそうだったが、日本企業の場合は、雇用の打ち切りを検討する場合でも、社員個人というよりも集団（マス）として判断しがちである。

正社員偏重のままではやっていけない

雇用リスクをどのように分配するかは、人事部の課題であると同時に経営の課題でもある。日本の場合は、戦後の整理解雇をきっかけとした大争議を経験した経営者が労使関係の安定を目指したことや、高度成長が続くなかで、社員を長期に囲い込むことが経営に有利に働いたので正社員の雇用リスクを小さいものにした。

これに対して、低成長に移行してから増加した非正規雇用の社員（契約社員、派遣社員、パート職員、期間工）に対して雇用リスクを大きく負担させている会社が多い。たとえば、リーマンショック後の2008年末には大手自動車をはじめとするメーカーは、正社員の数倍を超える派遣・期間工の人員削減を行った。一方で、正社員には手をつけなかった会社も少なくなかった。

こうして見てくると、経営者の「雇用を守る」というメッセージも、正社員を中心に述べられていたことが分かる。かつて日本的経営の特質とされた終身雇用、年功序列も、この大企業の正社員の一部を対象としていたにすぎなかったのだ。

社内の情報についても正社員の間では部署を超えてもかなり共有化が図られている。ところが非正規雇用のメンバーには十分に開示されていないことが多い。双方の労働条件の格差も考慮に入れれば、正社員かどうかで社内での扱いに決定的に格差がある。

雇用リスクを極小化されたうえに、高度成長の恩恵を毎年の昇給によって受け取ることができた正社員は、100ページで紹介した「会社の機関」として会社と一体化してきた。そして正社員に対して軽減された雇用リスクは、非正規雇用の社員や下請けの零細企業に勤める社員に分配されていた。このように考えると、最もリスクが少ない生き方は大企業の正社員になることだったのかもしれない。

昨今、新卒の大学生の就職活動の厳しさがよく報道され、マスコミは、「景気の回復を待たなければ」という言葉を毎度枕詞のように使っている。しかし雇用リスクのあり方や給与などの労働条件を柔軟に見直すことができれば、新卒採用はもっと進むはずである。

また新卒採用の停止や抑制は、会社のリストラ策としても行われる。企業にとって、表面的にはマイナスはないように見えるが、社員の人員構成を歪め、技術の伝承を遅らせるなど長期的には経営にも痛手になる。

再び高度成長がやってくることが期待しにくいとすれば、このような正社員偏重ともいえる雇用リスクの配分および労働条件の格差は変わらざるをえないだろう。

組織や上司への「表面的」な忠誠心

私は、ビジネスパーソンから転身して、自分の好きな道に進んだ200人にインタビューを行ってきた。

鉄鋼会社の社員から蕎麦屋を開業、NHKの記者からプロの落語家に、製薬会社の営業職から釣具店を開業、地方公務員から耳かき職人に、ゼネコンの社員から社会保険労務士にといった具合だ。彼らの一人ひとりのキャリアチェンジの過程を朝日新聞に「こころの定年」という題名で連載もしていた。

このインタビューの際、同時に、多くの企業の正社員や役所に勤める公務員からも話を聞いた。彼らの多くが自分の所属する組織以外に関心を持たず、会社の外に目を転じようとしない姿が印象的だった。同時に見えてきたのは、組織や上司への「表面的」な忠誠心だった。本来の仕事や組織、一緒に働く仲間に対するコミットメント（責任感、やる気）はあまり感じられなかった。

思い出したのは、私が出向していた当時の出向先の役員である。正社員に代えて非正規雇用の契約社員を中心に採用するという案が役員会に出た際に、彼は、「仕事の質が落ちるから」と頭から反対した。ところが採用後はそれがまったくの杞憂であることが実証された。彼は社員を正社員として囲い込めば組織に対してコミットメントを誓い、いい仕事をするのだと誤解していた。やっかいなことに、組織や上司にもたれかかっている人ほどこの誤解に囚われやすい。

もっと社外に雇用機会を求める

優良企業は、顧客や消費者に対して良き商品・サービスを提供できるから経営も社員の雇用も安定しているのであって、社員の雇用を守ろうとしたから優良企業になったわけではない。

雇用リスクを企業の内側だけに抱えて、その配分をどうするかを検討するよりも、社会に幅広く転職、転身や起業の機会を提供するほうが会社、個人とも選択肢が増える。

1つの会社のなかだけで考えると、会社と社員との力関係の差が大きいので、社員は袋小路に入って現状維持しか選択肢がないと思い込みがちである。話を聞いた転身者は、自らそれを乗り越えたが、社外にもっと働く場があれば彼らの転身もよりスムーズだったはずだ。

日本の労働組合は、正社員の雇用についてだけ会社と交渉するのが一般である。それに対して米国では、会社がレイオフを実施した場合にも、労働組合は、その労働者が再び会社に復帰するルールを決めている。

欧米は職種別組合なので、労働組合の範囲を超えた職種の配置転換はできない。雇用の安定性はなくても社内での職種は保障されているわけだ。一方日本では雇用が保障されていても、転勤や配置転換を頻繁に行うので、どこでどのような仕事をするかという点についての保障はほとんどない。

米国の企業は、簡単に解雇を行うという俗説が語られる。しかし雇用の機会が社外にあれば、つまり労働市場の流動性が高ければ、雇用リスクは分散されて、むしろ労働者にとっては選択肢が多いともいえる。

こうして見ると、日米の雇用リスクに対するスタンスの違いは、そこで働く社員にとってどちらにメリットがあるかは一概には言えないのである。

一律管理も変容が迫られる

人事部の話に戻ると、雇用の保障が揺らげば、今までの人事のやり方にも変容が求められる。まずは、男女、年齢、学歴、入社年次などの属性をもとに群団（マス）で人事管理を行う一律的な運用が見直される。

現在は新卒で入社しても半数以上が管理職に昇格できない会社も少なくない。格差をつけるには、個々社員の納得を得なければならない。従来のような一律の対応は許されない。

またグローバル化の流れも無視できない。日産自動車のようにゴーン氏を迎えて、国籍、性別などの垣根を取っ払って生まれ変わった会社もある。ソニーのように外国人が経営トップに就く例も生まれた。

もちろん欧米だけでなく中国を中心としたアジア諸国に対する手立ても急務になっている会社も多い。外務省の統計によれば、日本人の海外長期滞在者は、アジアが北米を抜いて最大地域になっており、２００９年の貿易でも東アジアが最大の輸出先である。

パナソニックやファーストリテイリング、楽天などの企業は海外展開を加速することを宣言している。新卒の採用においても外国人採用数を増やし、国内の新卒採用を控えると報じられている会社もある。人的にも日本では海外拠点で活躍できる中堅幹部は少ないのである。

採用する人材を変更すると、入社後の育成、処遇や雇用管理にも大きな影響を与える。一律的・集団主義的な人事運用を成果主義的、またはグローバルスタンダードに適合した別のシステムに変えざるをえない企業は増えていく。

従来は、総合商社でも現地採用の外国人は現地事務所でずっと働いたが、今後は本社勤務の社員として登用、配置転換することになっていく。海外の市場が発展のキーポイントだからだ。

群団（マス）で行ってきた人事管理を一人ひとりの個性にポイントを置いたものに転換し

なければならない。国籍や人種、さらに性別や入社年次などの属性を重視すると、それだけで差別などの訴訟を引き起こすリスクが高い。米国で裁判所に訴えられてマスコミを賑わしたりした企業もあるが、全世界でそのリスクが高まることになる。

雇用契約も概括的な規定ではなく、きめ細かい権利義務を盛り込むことが求められる。

転勤・配置転換にも変化が

転勤を命じられた社員10名に対して、転勤対象者を選定した理由や転勤期間を明らかにしなかったことに関して争いがあった裁判で「人事の秘密」に言及した判例がある。

「転勤を命じる場合の人選は会社がその責任と権限に基づいて決定すべきもので、その理由は人事の秘密に属し、これを対象者に明らかにしなかったからといって、それを違法ないし不当とすることはできない……」（H12・5・24　東京高裁 平成11（ネ）3834、エフピコ損害賠償事件）

この判決は、転勤命令に関する人事権（「人事の秘密」まで）を認めてはいるが、反面として会社側に一定の制約を課している。

社員に対して社内報などで経営事情を周知徹底させ、個別面接や説明会を通じた説明の場を設けたこと、代替策の提案もするなどの努力を認定したうえで会社側の主張を認めているのである。この背景には、雇用保障が万全でなくなったことがある。

ある外資系の人事担当者に聞くと、転勤や配置転換は、人事運用の最もデリケートな案件であるという。本人の同意を得ない転勤辞令を出すと、トラブルになって訴えられる恐れがあるからだと説明してくれた。丸抱えの雇用保障がない反面、転勤にも個人の同意を前提としているのである。

かつて日本の会社は、定年までの雇用保障をする代わりに、転勤や配置転換を自由に行うという絶大な権限を人事部が持っていた。

景気の良いときには、長時間労働で社員や経験のある労働者の稼働率を上げるとともに、不況期には残業を減らすことで解雇を防ぎながら効率的な運営を目指した。会社が提供する製品やサービスの変化に対しては、人員や労働力が過剰な部門から発展する分野へ配置転換することで乗り切り、全国の隅々までネットワークを持つ会社であれば社員を地方へ転勤させることで対応してきた。

人事部は社内人材の有効活用を担う、司令塔・中核部門であった。そして、この人事部の権限は、長期の雇用保障を裏付けとしていたのである。

雇用保障と強力な人事権はセットの関係にある

当然ながら社員は、雇用保障というメリットを企業から一方的に受けているだけではない。その反面で犠牲を払っていることを忘れてはならない。

社員は自らのキャリアを自分で決めることが難しくなるし、単身赴任で働かなければならない場面も出てくる。雇用保障を確保するためとはいえ、自分の希望するキャリアを諦め、家族と暮らす機会を失っていいのかという疑問に正面から向き合う社員もいる。

一方で、雇用が守られていることを意識せずに、転勤や配置転換について会社を一方的に批判ばかりしている社員も少なくない。会社にもたれかかっていると、この雇用保障と人事権限との関係には気づかないことがある。

社員の人事を、人事部が中心になって集中して管理しているのは、学校卒業時の一括採用から始まって企業内訓練や配置転換を統一的に行うからである。これは、いったん社員として採用したら、定年まで雇用保障を確保することと密接不可分な関係にある。
「どこで働くのか」「どのような仕事をするのか」は、人事部の決定に委ねられているので、柔軟な配置転換や企業内訓練の結果が期待しにくい女性や外国人が昇進の機会を得にくかったのである。

労働経済学者も指摘するように、日本の多くの会社の賃金は、若い頃は一律に安月給で、中高年になれば給与が上がるという長期後払い契約になっている。おまけに長く勤めれば勤めるほど退職金も有利になる。だから人事に不満があっても我慢、我慢と忍従してきた。

この賃金の長期の後払いと、定年までの雇用保障とが相まって、強力な人事権を生み出していたのである。

それがここにきて、定年までの雇用保障が確保されるとは限らなくなり、賃金の後払い部分も保証できなくなってきた。手厚い雇用保障と、転勤や配置転換をはじめとする強力な人事権とのバランスが危うくなりはじめたのである。先ほど紹介した判例が、人事権限に基づく転勤命令に対して、いくつかの制約をつけていたのもそういう背景がある。
「どんな仕事をしたい」「どこで働きたい」といった社員の希望を一つひとつ聞いていたら

仕事にならないという人事部は、もはや過去のものになりつつある。時代も豊かになり、やりたい仕事を求める社員の増加も、かつての人事部の機能を損ないつつあるのだ。

整理解雇は労働者間の利害調整

２０１０年11月に日本航空が整理解雇の実施を発表した。整理解雇は、もっぱら仕事がなくなったという経営上の理由によって使用者が雇用契約を一方的に破棄することである。かつては日本を代表する企業であった日本航空が破綻したのである。

雇用調整策は、人事院が発表する「雇用調整などの状況」から見てもいろいろなものがある。採用の停止・抑制、配置転換、業務の外部委託なども、転籍出向や希望退職と並んで雇用調整策の１つだ。整理解雇は、雇用リスクの一番激しい発現形態といえる。

私が取り組んだビジネスパーソンに対するインタビューでも、整理解雇の対象になって次の道に進んだ社員が数人いた。また整理解雇やリストラを行う立場になったことが転身するきっかけになった人もいた。

大手百貨店に32年間勤めていた元店長は、若い頃から人事部門を経験したあと、人事部長、次長を経て店長に昇格した。ところが就任した翌年に、突然東京本社に呼び出されて民事再生法適用の連絡を受ける。２００名を超えるリストラの当事者になって、仲間にクビを言い渡す辛さを味わった。結果的に会社に残れなくなり、決算を終えて会社の裏口から出て二度とその百貨店に足を踏み入れたことはないという。

リストラを言い渡す管理職も大きな痛手をこうむる。働く社員のメンタルヘルスを専門にしているカウンセラーが、「リストラをする立場の人がより傷んでいる」と発言したことを思い出す。

元店長の話を聞いていると、大企業での整理解雇は、労使間の対立だけでなく社員間の利害調整の面が強いことが見えてくる。

整理解雇というと、労使間の激しい争いを頭に思い浮かべるかもしれない。しかし日本のような企業内組合が中心であれば、まずは企業の存続が第一なので労使双方の利害は長期的には一致している。むしろ整理解雇で際立つのは、社員間の雇用リスクの分配の問題であり、その利害調整なのである。

リストラを言い渡す当事者になった人事部員や管理職が痛手をこうむるのは、今まで働いてきた仲間との利害調整を自らがやらなければならないからである。不本意に辞めざるをえない社員を目の前にして、自分が引き続き会社に身を置く辛さでもある。

パッケージをほどく

終身雇用が与えられたものとして頭に定着している社員は解雇について、十分に認識してはいない。

整理解雇は、社員本人に責任がないことが特徴であって、解雇された側が裁判に訴えた場合、最高裁判所の判例による整理解雇の4要件にしたがって審理される。つまり、人員整理の必要性、解雇回避努力義務の履行、対象者選定の合理性、手続きの妥当性の4点である。

このような厳しい解雇規制もまた、「どこにでも行く」「どんな仕事もこなす」という無限定な働き方とセットになっていることは言うまでもない。解雇規制は雇用保障の反映でもあるからだ。

正社員偏重の雇用保障、厳しい解雇規制、「どこにでも行く」「どんな仕事もこなす」という無限定の働き方、それに強い人事部の権限がパッケージになっている。

このパッケージは、現在の社会環境にも適応できていないことが明らかになりつつある。たとえば、これは男性の世帯主が、専業主婦と子どもを扶養する責任を負っていることを前提としている。

昨今のような共働き世帯の増加も加味して考えると、雇用についても、家族単位ではなく、個人単位に視点を移す必要がある。同時に高度成長の再来が期待できず、社員の人員構成がピラミッド型に戻らないとすれば、このパッケージを解きほどく作業に取り組まなければならない。

現在の正社員の働き方を固定的で唯一の望ましいものだと決めつけると、社会環境からも乖離した人事運用になってしまうのだ。

最近は、地域限定総合職や準総合職などという名称で、転勤する地域を一定範囲に抑えたり、仕事の内容を限定した職制を新設している会社もある。

たとえばメガバンクでは、ＣＳ職（コンシューマーサービス職）という名称で、個人客に対するコンサルティングを通じて各商品の案内をする営業職や、ＡＰ職（エリア・プロフェッショナル職）という特定分野における専門性の高い職務を担当する職制を設けている会社もある。いずれも担当職務を一定範囲にするとともに転居を伴う転勤はないという設計である。

これらは「どこにでも行く」「どんな仕事もこなす」という働き方の総合職と非正規雇用の社員との中間的な働き方を創出しようとする動きととれないことはない。しかし、まだ継ぎはぎ策にとどまっているのが現状である。

これらのパッケージを解きほどいて再構成するためには、雇用保障、解雇規制、社員の働き方、それに人事部権限などをセットで見直すことが求められる。役所などではそれぞれ個別に断片的な議論がなされているので、全体としての改正の方向性が見えないのである。

今まで述べてきた、正社員と非正規雇用の格差問題も当然この議論のなかに入ってくる。

働き方の多様化に舵をきる

整理解雇が生じる原因は、つまるところ賃金が生産性に合わせて低下しないという問題なので賃金の再構成、柔軟化も求められる。金科玉条のごとく雇用保障にこだわるのではなく、金銭的な補償でもって解雇するやり方も検討に値する。もちろん多くの人が路頭に迷わないためのセーフティネットが必要なことは言うまでもない。

現行の希望退職者の募集はこの機能を一部果たしている。外資系企業からリストラされて退職した元役員にトラブルはなかったかと聞くと、「退職時の積み増し額が良かったので私の周りも含めて、大きなモメゴトもなかった」と答えた。

同時に日本の企業でよく行われる一律のボーナス削減や社員一律の賃金カットではなく、個人個人の働きぶりを評価することも必要だ。一律の人事運用を行っていると、かなりの問題社員であっても解雇ができずに、逆に昇給さえしてしまうこともある。これらを防ぐために個人を見据えたきめ細かい人事管理が必要になる。

私が話を聞いた外資系メーカーの人事担当者によると、その会社では個人ごとの職務の範囲や責任を明確に定めて、本人と上司の面談のなかで「レーティング」（A⁺からC⁻までの9段階）を決定する。しかも一定の水準に達しないランクづけが続くと、上司との1対1の指導期間（3カ月または6カ月）に入り、それでもランクが変わらなければ退職勧奨までも行うらしい。

職務の責任をすべて個人に還元することがよいとは思わないが、一律的な人事運用を行っていては個人の能力に焦点を当てることができない。

評価面だけでなく、職制の見直しや職制間の柔軟な移動、転勤・配置転換の新たなルールづくりも避けられないだろう。社員と交わす契約も契約理論の適用を盛り込んだ内容に変えなければならない。

いずれにしても働き方の多様化の方向に舵を切ることになる。集団から個人への流れがここでも求められているのである。

最近は、なぜ正月でもこんなに忙しいのか

２０１１年の正月明け早々、「なぜ最近はこんなに忙しくなったのでしょう。昔は、１月４日や５日といえばお屠蘇を飲んで半ドンだったのに」と営業担当の課長が語りかけてきた。同時に「新入社員の頃の課長は偉かったなあ。こんなにこまごました調整はやっていなかったはずですよ」とぼやいていた。

電子メールや長時間の会議、電話などに時間をとられて疲れている社員の姿が目につく。就業上の労働時間は別としても、仕事から完全に離れることのできる時間が減少し、終業後

や休日にも仕事をこなさないといけなくなっている。

その課長は、「かつては出張中には、部下に2、3本電話するだけでことが足りた。しかし今は届いているメールの整理を行って、他部課との調整や部下への指示などで、外に飲みに出かけることもできない」とこぼしていた。もちろん会社や人事部が利益を上げるために彼に長時間労働を強いているのではない。

昨今のサービス化やグローバル化は、旧来の高度成長型の組織原理とはなじまないのだろう。部門や会社の枠を超えた共同作業、コミュニケーションやコラボレーションを要する仕事が加速度的に増えている。

ところが多くの大組織では、いまだ大量生産時代の就業形態が続いていて、サービス化やソフト化で要求される創造的な知的労働に合わないオフィスが少なくない。机の並び方ひとつとっても互いの机の前面や側面をほかの社員の机に合わせてシマをつくり、そのシマ全体を見渡せるように管理職が窓を背にして座っている光景はよく見る。

企業組織や内部体制は旧来のままなので、共同作業の遂行やその調整に驚くほど多くの手間を要する。たとえば、他部課の同僚と1つの案件を起案しても、双方の上司と関係部門の了承を得るだけで数カ月かかるような事態も生じる。1つの起案内容を他の組織にきちんと伝えるだけで疲弊してしまう。会社全体として見れば、意思決定が遅く、組織としての行動も鈍くなりがちである。

以前日本経済新聞が、大企業において兼務社員が増加していることを記事にしていた。そこには、松下電工（現パナソニック電工）の社内電話帳を開くと兼務者の名前がずらりとあって3部署を兼務している例や、日立製作所の情報通信グループの部長職は4枚の名刺を持っていることが紹介されていた。これも業務運営と企業組織とのズレの反映だろう。

今のままの人事部でいいのか

以前読んだ「ビジネスウィーク」*の記事は、現在の人事部組織では、社内外のコラボレーションの流れについていけないとの観点から書かれていた。

その記事には、先進的な企業は社内ネットワークを分析して改善する方向に進んでいるとして、具体的な企業名を挙げて対応の一端を紹介している。

世界第1位の半導体メーカーである米国のインテルは、チーム作業にかかる時間を減らす

省けるとしている。

定期的に更新される人事情報によって、事業に必要な人材や協力相手を探す手間がている。「ダイナミックスプロファイリング」という技術を検討し内容に基づいて自動的に要約する技術を検討している。研究員や幹部が関心を持っている分野を、各自のメールの表題や検索

また米国の医薬品大手企業のイーライリリーは、社内の科学者と外部パートナーとのコミュニケーションを管理する社内グループをつくっている。これによって科学者がコラボレーションに割く時間が減ることを目指しているという。

この記事では、米国の大半の企業は大規模な人事部を構えているが、コラボレーション担当部署を設けている企業は少ないと指摘している。

この記事が取材した各企業の社内ネットワークに対する取り組みが、実際にどの程度の効果をもたらすかは私には分からない。しかし企業が従来の人事部ではもはや対応できない課題を抱えるに至ったという認識は興味深い。極端にいえば人事部不要論であり、その代わりの組織を模索しているとも読める。

記事に「工業化時代の経営手法は、なかなか消えない。いまだに成果だけではなく、会社

に何時間いたかで評価されている」との米国の大学教授のコメントがあった。日本と変わらない面もあるのだ。サービス化・ソフト化の流れのなかで、人事部主導による計画的な配置転換や最適な人材育成は従来よりも困難になっている。

そもそも上司と部下がいて互いに上意下達でつながっているという発想そのものが、改訂を迫られているのかもしれない。年次を経るにつれて組織の階段を上っていくという長年のイメージを払拭する時期なのだろう。

実は私は、大手企業で支社長や担当部長を経験したのちに、いったん休職して数年間平社員として過ごした。トップと平社員から組織をあらためて眺めてみると、現在のピラミッド型組織が唯一絶対のものだとは思えなくなった。また組織間の調整や部下の人事評価などの仕事から離れると、いかに多くの時間が手に入るかについても驚かされた。

人事部の組織や仕事を考える際にも、今までとは異なる思想を盛り込まないといけないのかもしれない。その基本は、知恵と意欲にあふれた人たちはそもそも管理できないという発想から始めることだろう。人事の仕事は彼らを支援する以外には、何もできないということが出発点かもしれない。

そこまで言うのが極端だとすれば、人事部が自社のビジネスの競争力はどこにあるのか、また競合企業との差別化の源泉は何なのかを的確に把握したうえで人事マネジメントを運用することだろう。そこで働く社員も自らのオリジナリティを真剣に考えなければキャリアを切り開くことにつながらない。

自分が働く会社の利益の源泉が、個人の力量の集合体なのか、会社の持つシステムなのかあたりから考えることがまずは第一歩であろう。

（注）「M. Mandel, "Why Americans are working too hard.....", *Business Week*, October, 3. 2005」

第　七　章

社員の人生は社員が決める

正社員は多すぎる？

高度成長から低成長、重厚長大から軽薄短小、製造中心からサービス提供中心への転換という経済の流れに企業が対応するには、社内にも大きな変革が求められる。当然人事の改革も進めなければならない。

本書の最後となる本章では、新しい時代に人事はどのようにあるべきかを考えていこう。配置転換を通じてジェネラリスト人材を育成し、全員参加型で事業に取り組むというスタイルは、高度成長時代には効果を発揮した。しかし国際競争に打ち勝ち、ソフト化の流れにも対応できる会社をイメージすれば、人事についても新しい運営方法が求められる。

日本の高度成長を支えた大企業群、製造業や金融業、運輸、エネルギーなどの企業は、従業員の個性や創造性を活かすことより、経営資源としてのシステム（たとえば、製造ラインや、電車の運行ダイヤなど）を確実に運用することによって利益を生み出してきた。依然、日本企業には、このタイプの企業が多い。

一方で、個人の能力や創造性が利益に直結する企業は、各種シンクタンクや映像会社、さらにはゲーム会社など、業界・職種ともに限定的であった。しかしグローバル化によって競争が激化し、産業がソフト化する時代においては、個々の社員の能力そのものが、会社にとっての利益の源泉となる。

では、これからは、どのような人事の運用が機能するのか。この点について、私なりの考えを述べてみたい。まず会社は、3つのタイプの社員によって構成されるようになる。

① 高機能で専門性の高いプロ集団（専門社員）
② プロ集団を支えるルーティンの仕事をこなす比較的低コストの社員（支援社員）
③ 経営者と一体となって組織を機能させる中核社員（コア社員）

まずはコア社員について考えてみる。コア社員は、グローバルな視点で何が事業にとって大切かを見きわめ、さまざまな能力を持つ人材を使いこなす役割を持つ。

人事的にはこのコア社員は、従来型の正社員で代替可能かどうかがポイントになる。

これまでの正社員は、終身雇用を前提に、賃金は長期後払いで、職種転換や転勤も了承していた。個人の評価も長期間にわたって判定され、入社時点では、全員が社長になる権利が与えられている（ように見える）ので、全社的な立場で仕事に取り組む。

第三章では、1人の人事担当者が把握できる人員は、最大でも300人程度だと述べた。この人数を超えると、一緒に働く社員が、どんな個性を持っていて、どこまで仕事を任せられるかが把握できない。

これと同じ理由で、事業や改革の中核メンバーとしてまとまることができる人数にもおのずと制約がある。中核メンバー、つまりコア社員として働く人数が多すぎれば、メンバー全員が互いの顔も把握できないので、気持ちもまとまらない。行動の前には生身の人間の連帯が先行しなければならないのだ。

本来のリーダーは、会社全体のためなら、社内外からの批判を一身に受ける覚悟が必要である。その覚悟を共有して連帯するためには、リーダーの人柄、および彼の置かれている立場を理解しなければならない。そういう意味では、あらゆる職種で正社員を採用している現在の大企業は雇用過剰となっている。コア社員は1つの会社にせいぜい200人でいいだろう。

入社から退職まで30年、あるいはそれ以上ということであれば、1つの年次に10人も正社員はいらない。採用ミスや本人の向き不向き、社外転出などのさまざまな要因を考慮に入れても、年間で30人の社員を採用すれば足りるはずである。

毎年100人以上の新卒を採用する大手証券会社の元人事担当者の話では、特に優秀な学生には、内定を出す際に「入社して2、3年営業店を経験すれば、その後は海外の大学院に留学ができるぞ」と耳元で囁くことがあったという。ここでいうコア社員と位置づけたのかもしれない。

ただし、このコア社員は、従来型の「正社員」とは違い、数多くの社員のなかから長い競争をさせて選抜するのではなく、最初からエリートとして採用するか、あるいは必要に応じて中途採用することになる。担当する仕事の内容や目標は明示され、経営者から業績によって短期的な評定を受ける。

新卒採用中心では、専門家集団はつくれない

では、次に専門社員について考えてみよう。コア社員が、会社の方向性の舵《かじ》取りをする一方で、現場で実力を発揮し、収益に直結する仕事を担当するのは専門社員である。

経営環境の変化はこれから激しくなるばかりであり、柔軟で活力ある専門家集団を擁するかどうかが企業の競争力を決定づける。そうなると、新卒学生の採用・育成にこだわってはいられない。タイミングのよい中途採用も求められる。一方で、今後は自社の社員が、他社へ転出、転職することもよく起こるだろう。

中途採用の面接には、業務をよく知る現場のマネジャーと人事部員が同席して臨むのが一般的だ。今後、さらに中途採用が定着すれば、現場の裁量が重視され、人事部が関与しなくなることも考えられる。

これまで日本企業では役職者に登用されるジェネラリストが厚遇されたため、本来は職人的気質というか、スペシャリスト的な業務に向いている社員までライン職務を目指す傾向があった。

だが今後は、社員自身が自分の向き不向きを把握し、自身が望むキャリアを会社に主張できなければならない。さらに、終身雇用を前提とした長期後払いの賃金制度も消滅し、給与は「時価」という時代になっていくだろう。

山一證券が破綻した際には、営業や資産運用などの業務に携わる人材には再就職先が比較的あった一方で、管理部門で働く社員には転職の引きあいが少なかったそうだ。顧客に直接役立ち、かつ専門性の高い業務能力がその違いを生じさせたのだろう。

ただし、ここでいう専門社員は、技術的な開発や高度な専門性が必要とされる仕事だけに限っているわけではない。たとえば人事の仕事でも、専門社員は必要なのである。

ここで数年前にインタビューに協力いただいた興味ある人物を紹介しよう。

大手海運会社の人事部の課長職だったT氏は、上司から営業部門への異動の話を切り出されたときに、雇用契約を解消、つまり退職してあらためて会社と業務委託契約を結ぶことを申し出た。彼は社会保険労務士の資格を持っていて人事の仕事の専門性をさらに高めたいと考えたからだ。

退職後、彼は週に3日、半日だけその海運会社で働くことになった。担当していた人事制度の設計の仕事は退職前と変わらない。デスクやメールアドレスもそのままである。

T氏は、海運会社の仕事のほかに、人事コンサルタントとして10社程度の顧問先を抱え、セミナーや執筆活動にも忙しい。ただし、時間を自分でコントロールできるので、家族と一緒に食事をする回数も増えた。また、面白いことに、委託契約に変更してからさらに古巣である海運会社への愛着が高まったという。

この例を見ると、幅広い業務で「プロ」が必要とされていることが分かる。また専門家を社外から迎えてもよいのだ。T氏の海運会社での仕事は退職前と同じだが、会社側はコストを削減できるし、T氏自身は以前よりも多様な仕事に取り組める。しかも自分の時間も増えているのである。

たとえば、ISO（国際標準化機構）の規格の認証取得などのプロジェクトに対応するために、正社員の要員を増やすよりも、外部からの専門家と数年間委託契約をして対応するほうが合理的である。

T氏の例は、現在の正社員の働き方を見直す1つの視点を提供している。T氏のように期限付きで専門性の高い仕事を請け負い、業務単位の請負契約を複数の企業と結んで働く個人をインディペンデント・コントラクター（IC＝独立業務請負人）と呼ぶことがある。

個別交渉が多くなる

専門性の高いプロ集団を維持するには、人事部と各社員との関係も変わってくる。

私が100名程度の専門職を担当する人事課長であった際、彼らは、社外に同等の賃金を確保できる職があるので、自らの意向に沿わない人事運用、たとえば転勤があれば退職につながることもあった。定年まで勤める予定の総合職に転勤辞令が出れば、たとえどんな事情があっても、ほとんどの場合は「ありがとうございます」と受け入れるのとは対照的だった。

その専門職に対する人事運用で最も重要だったのは個別交渉だ。各社員との面談を通して、仕事の遂行レベルや意欲、家族の状況などを確認し、職務の希望を聞きながら、今後の勤務場所や処遇を決めていかなければならない。

当時は、給与は規定によって一律に定められていたので、交渉の最も大きなポイントは、「どういう仕事をするか」「どこで働くか」だった。

異動構想案を頭に思い浮かべながら社員と個別にやりとりをする。業務上の必要から退社されることも覚悟して転居を伴う転勤辞令を出すこともあった。私の部下の課長代理は、突然の退職者が出るたびに弱った顔をしていた。

そのときに、「俺たちは個別交渉が求められる最先端の人事に取り組んでいる。困った表情をしていると交渉で不利になる。いつも涼しい顔をしておこう。なんとかなるのだから」と私なりに部下を鼓舞したことを思い出す。

時代は変わりつつある。これからは転勤の辞令の前に、社員の同意が求められる場面も出てくるだろうし、それぞれの社員のさまざまな反応を見ながら、人事運用を行っていくようにもなるだろう。従来のようなマス（群団）対応は許されないのである。

海運会社のT氏の事例も雇用契約から委託契約に切り替えるという個別交渉だった。私はその海運会社の上司や人事部を高く評価したいと考えている。専門性を社内に維持するためには、会社側の社員に対する個別交渉力が決め手になるからだ。

支援社員が成否を分ける

そして、プロ集団を支える比較的低コストの支援社員について誤解してはいけないのは、彼らは単なる補助者ではないことである。支援社員も自らの専門分野を持ち、プロフェッショナルとして自分で考えて自ら動く自律型の人材なのだ。

たとえばサービスを提供する会社では、顧客と直接対面する彼ら、彼女らの働きが事業の成否のカギを握っている。

分かりやすいという意味でスターバックスコーヒー店をイメージしてみよう。スタバは、自らが目指すサービスを実現し、ブランド力も維持・向上させようとするなら、支援社員として働く従業員の力が必要不可欠だ。消費者と最後に直接接触をする彼ら彼女らが顧客の支持を得られなければ、どんなに味の良いコーヒーを開発しても意味がなくなるし、いくら合理的な経営戦略を策定しても机上の空論となる。

これまで述べてきた人事運用を進めれば、外国人や女性社員の登用も進むだろう。また若手社員の活躍の場も増えるはずである。103ページの銀行の部長支店長会議の参加者がほとんど中高年の男性に限られていたのとは対照的な状況が生まれる。

酒が入らなければ本音が聞けない上司や、無責任に部下に対して「がんばれよ」と声をかけるだけの管理者はいらなくなる。

「出世」を重視したマネジメントと働く意味

こうして考えてくると、今までの人事部の前提がすべて壊れてしまうことが分かる。一律管理、新卒偏重、長期間の勤務評定、長期の後払いの賃金、自在に転勤・配置転換を言い渡す権限などなど。

外資系企業の人事担当者に聞くと、欧米の企業は、採用も各部課が行うのが原則であり、人事部は絶対的な権限を持っているわけではない。人事部は各部課の支援者や調整者の役割を果たす会社が多いそうだ。

雇用や人事運用の基本は人の活力を引き出すことだ。この観点から、新しい人事部の役割をあらためて検討する必要がある。

一人ひとりの社員を観察すれば分かるように、強い上昇志向を持っている社員は必ずしも多くはない。私は今までに総合職、事務が中心の一般職、営業職、専門職の人事に携わり、多くの社員と接してきたが、やはりそう思うのである。

それでもライン職への登用を中心とした人事制度や運用が残ってきたのは、企業も社員もみな成長志向、上昇志向を持って仕事に取り組むという高度成長期以来の「前提」が継続してあったからだろう。

ただし、成長から成熟の時代を迎え、こうした前提は徐々に崩れ、「出世」を中心としたたマネジメントが力を持たなくなってきた。社員の側も給与や役職のアップばかりを目的とするのではなく、自らの「働く意味」を追求するケースが増えてきた。

バブル期には、顧客の利益を顧みない仕事に嫌気がさした銀行員が、他社の中途採用に応募していた。私もそうした元銀行員の採用面接に立ち会ったことがある。給与などの待遇を上げても、社員が考える「働く意味」に反するマネジメントをすれば、会社は社員の支持を得られないのだと思い知った。

ただ給与や役職は、誰からもはっきり見えるが、「働く意味」は各社員の心のなかにあるのでとらえどころがない。だから社員の「働く意味」を読み取り、マネジメントに取り込むのは一筋縄ではいかない。

ご褒美から自己選抜のシステムへ

対象人数はそれほど多くないが、コア社員ならば、「働く意味」よりも成果主義を前提とした業績のマネジメントが要請されるだろう。

私の知り合いのある市役所の部長が、「昔は、大学卒業後7年目の係長登用試験は、同期の全員が受けたものだ。ところが最近は、優秀であってもチャレンジしない職員が少なくない」と嘆いた。

「昇進しても賃金はそれほど変わらないのに、責任は重くなり、市会議員や住民との対応でも気苦労が多い」から職員が試験を受けないのだという。だが、語るにつれて、「職員の気持ちも分からないではない」と彼の話のニュアンスが変わってきたので思わず笑ってしまった。30年前とは状況が変わっていることに彼も気がついたようだ。

今までは、昇進すればするほど、仕事が楽になった。最大のメリットは、多くの部下を抱えることができたことだ。書類や情報の整理、資料の作成、顧客への対応などは部下に任せることができた。資料を一からつくる労力と、それをチェックする手間とは雲泥の差である。しかし、もはや会社が社員に、ご褒美として役職や部下を与える余裕はなくなってきた。

今後は会社側が働く場所と内容を決めるのではなくて、働き手が自らの仕事を選べる方向に進むだろう。キーワードは、「選択」である。

上位職を選択する人は、昇進すればするほど、大きな権限と高額な給与を与えられる一方で、厳しく責任を問われる重い仕事を担当するという、ハイリスク・ハイリターンの働き方になってくる。

仕事を自ら「選択」するようになれば、会社任せではすまされなくなるため、個々の社員に自己決定が要求されて大きな責任も負わされることになる。

数年前にベネッセコーポレーションの元幹部に話を聞いたことがある。

ベネッセでは、会社側の裁量による人事異動とは別に、本人の希望に基づく人事異動の仕組みがあって、青紙制度と呼ばれているそうだ。いわば社内の公募制度、転職制度である。社員が自らキャリアを考え、実現していくためのツールでもあるという。

表面的には、伝統的な大手企業で取り組んでいる自己申告制度と変わらないように見える。しかし提出した社員には必ずフィードバックを行い、その社員のキャリア開発について徹底して議論するという。念願がかなっても、成果が強く求められるので、それなりの覚悟がいるらしい。

選択は相性を乗り越える？

選択の内容は、担当する仕事だけに限られない。

上司は部下を選べるが、部下は上司を選べない。61ページでは、自分の上司を選べる仕組みのアイデアを示した。適材適所は、人事部よりも仲間で決めるほうが様になることもある。相性は、ままならないが、その弊害を防ぐ唯一の解決法は選択制の導入だろう。

上司を忌避する制度やパスをする（1回休み）制度の導入も可能だ。そのためには、今までのようなキャリアアップだけではなくて、キャリアダウンの道筋を示しておく必要がある。降りるという選択も組み入れるのだ。

また一緒に働く仲間を選ぶことがあってもいい。営業のグループであれば、宝塚歌劇が好きな女性だけが集まったチームなんかがんばるだろう。関西であれば、吉本新喜劇が好きな仲間だけで一緒に仕事をする手だってある。小さい頃から慣れ親しんだ楽しさが共有できれば、相性の問題は小さくなる。格闘技が好きなメンバーの営業組織も面白いかもしれない。

とにかく相性の合うメンバーと一緒に働くことは大切であるし、仕事も人も自分が選んでいるのだと思えば組織や人とのもたれあいも減少する。選択という意味では、たとえば、育児をしている社員には、短時間勤務を一定期間認めるなどの柔軟な働き方も考慮に入れるべきである。

とにかくいろいろやってみることだ。希望者の多い職場は給料を安くするという手もある。これらも個別交渉で決めていけばいい。

このように社員の選択を認めると、管理できなくなるとか、収拾がつかなくなると心配する管理者もいるだろう。しかしいざとなると、人はそれほど他人と違うことはできないものである。

中高年社員のセカンドライフのプログラムとして、多様な働き方、生き方の支援に取り組んでいる大手企業を取材したことがある。そこでは、自社での再雇用、再就職の支援、転職・独立の実現を支援する制度など多様な選択肢を用意していた。充実した制度で驚いたが、自ら手を挙げる社員の数は必ずしも多くなかった。自分が当事者になると、それだけ責任を負うからだろう。ただ複数の道筋があること自体が大切なのである。

転勤・配置転換を決めるという人事権を会社が手放していくと、人事部の役割は、教育研修の企画、社内の公募制度や社内転職制度の運用、社内の仕事についての情報提供、社員との個別交渉、福利厚生などのバックアップ機能が中心となろう。

今までの出世（昇進・昇格）を中心としたシステムではなくて、社員の働く意味にコミットすると、会社側も社員の側も選択性の導入やライフサイクルの視点で会社員生活を眺めることにつながってくる。

ライフサイクルの視点

従来は、人事制度も一律に運営されていて、組織側も従業員のライフサイクルについての感度が鈍かった。

個人のライフサイクルは組織での働き方と強く関係している。たとえば団塊の世代が15年後に70代後半になれば、要介護者となる人も相当に増える。そのころ中高年となっている今の団塊ジュニア世代の社員は、介護負担を抱えて働き方を根本的に変えなければならないケースもかなりあるはずだ。その影響は、企業にとっても、現在の育児と仕事の両立の問題をはるかに超えるインパクトになると覚悟したほうがいいだろう。

また共働き世帯と専業主婦世帯の割合が逆転する時代に、従来の人事制度、福利厚生が適当かどうかなども検討する必要がある。

限定勤務地制度などの複線型の人事運用も、ライフサイクル上の年代を考慮して、選択を前提にすればかなり機能する余地がある。

教育・研修についても、若年層は、受ける機会が多くあるが、中年以降では急減する会社が多い。社員のライフサイクルに応じたよりきめ細かな対応も求められる。

また多くのビジネスパーソンは、次の世代に語るべきもの、若い人に継承するものを自己確認できないという共通の課題を抱えている。活力ある組織を求めるのであれば、若い世代を育てるということをマネジメントのなかに組み入れなければならない。

個人に話を戻すと、若いときは仕事中心で過ごして、中年になって自分の好きなことへ思い切って舵を切るのもいいだろう。収入を重視する時期、仕事で成長できる実感を大事にする期間、家族と一緒に過ごすことを最優先にする場面があってもいい。人生のライフサイクルに応じて大切なものは異なり、また周囲の状況も変化するからだ。いくつかの役割や変化を経験すること自体も貴重なのである。

社員の働く意味を重視すれば、このように個人のライフサイクルに応じた対応が人事のマネジメントにも、社員の働き方のなかにも求められるのである。

あとがき

はからずもこの原稿を書き上げた翌日に、転任の内示を受けた。楽しくやっていた法人営業の仕事から離れて、2011年4月から本社の管理部門で働くことになった。

オフィスを飛び出して取引先に向かい、県外の出張も多かった日々は終わり、一日中書類と格闘するデスクワークに変わってしまった。「なかの仕事は君には向いていないよ（笑）」と周囲から駄目を押されながらの異動でもあった。

本書を仕上げるために、多くの人事担当者にヒヤリングをして、人事部のあり方や人事異動・考課についてもあれこれ考えてきた。にもかかわらず自分自身の人事は思い通りにはならなかった。あちゃー、ショック！

しかし振り返ってみると、数年間同じ仕事だったので、気持ちの上でマンネリに陥っていたことは否めない。また地方のビジネスホテルに連泊することに結構疲れを覚えていた。自分ではまだまだ若いつもりだったが、無理をしていたのかもしれない。

そう考えると、上司や人事部の配慮があったように思えてくるから不思議だ。

本文のなかで同じ中高年の会社員であっても、人事部のオフィスに入るときにいつも緊張していた人がいる一方で、人事部の仕事内容をよく知っていて泰然としている人も紹介した。

人事部や人事異動のあり方について理解を深めておけば、少し違った視点で会社員生活をとらえることができる。それが大きな意味を持ちうることもありそうだ。物事には悪いことの裏側には良いことも隠れているし、その逆もあるからだ。

たしかに席に一日中座りっぱなしの毎日は、苦痛で仕方がなかった。しかし営業のときには感じなかった面白い部分も見えはじめてきた。

人事は自分の思い通りにはならないが、真剣に自分に向き合っていると必ずチャンスは巡ってくるような気がする。

本書を手にとった読者や人事部員の方々がどのような感想をもたれたかと思うと、期待と不安が入り混じるが、ささやかでも人事の仕事に対する理解が深まったとすればこれ以上の喜びはない。

最後に、今回の原稿を仕上げるのに日本経済新聞出版社の野澤靖宏さんには大変お世話になった。心から感謝申し上げたい。

二〇一一年五月

楠木　新

楠木新 くすのき・あらた

1979年、京都大学法学部卒業後、大手企業に勤務。人事・労務関係を中心に、経営企画、支社長等を経験。勤務のかたわら、関西大学商学部非常勤講師を務める一方、ビジネスパーソン200名にロング・インタビューを重ねる。朝日新聞beに「こころの定年」を1年余り連載。著書に『ビジネスマン「うつ」からの脱出』『会社が嫌いになったら読む本』『就活の勘違い』『会社が嫌いになっても大丈夫』などがある。

日経プレミアシリーズ｜122

人事部《じんじぶ》は見《み》ている。

二〇一一年六月一五日　一刷
二〇一一年八月二二日　七刷

著者　楠木　新
発行者　斎田久夫
発行所　日本経済新聞出版社
http://www.nikkeibook.com/
東京都千代田区大手町一―三―七　〒一〇〇―八〇六六
電話（〇三）三二七〇―〇二五一（代）

装幀　ベターデイズ
印刷・製本　凸版印刷株式会社

本書の無断複写複製（コピー）は、特定の場合を除き、著作者・出版社の権利侵害になります。
© Arata Kusunoki,2011

ISBN 978-4-532-26122-1　Printed in Japan

日経プレミアシリーズ057

節約の王道

林　望

「家計簿はつけない」「スーパーには虚心坦懐で赴く」「小銭入れは持ち歩かない」「プレゼントはしない」等等、四十年間みずから実践してきた節約生活の極意と、その哲学をはじめて語り下ろす。一読すれば節約が愉しくなる、生活防衛時代の必読書。

日経プレミアシリーズ058

航空機は誰が飛ばしているのか

轟木一博

「東京タワーはなぜ紅白？」「ロミオとジュリエットと日本の空港の不思議な関係」「羽田を国際化するための課題って？」……。航空管制の実務に携わった著者が、航空機の運航の実態やルールをわかりやすく解説し、これからの「日本の空の戦略」を問う。

日経プレミアシリーズ065

売り方は類人猿が知っている

ルディー和子

不況に直面して購買を控える現代人は、猛獣に怯えて身をすくめるサルと同じだ。動物の「本能」を通して、人間の感情を分析すれば、消費者の行動形態もよくわかる。興味深い実験を数多く紹介しながら、不安な時代に「売るヒント」を探る、まったく新しい「消費学」の読み物。

日経プレミアシリーズ 073

エセ理詰め経営の嘘

伊丹敬之

世界金融危機を憂う前に、筋の良い経営を実行すべき！　ノスタルジーに浸る前にリアリスティックな夢を示せ！　日本を代表する経営学者が、揺るがない視点で、座標軸を失い漂う企業のマネジメントの問題点を切れ味鋭く一刀両断。

日経プレミアシリーズ 075

残念な人の思考法

山崎将志

やる気も能力もあるのに、仕事がうまくいかないのはなぜ？——顧客を取り逃がす営業マン、上司に振り回されては見放される若手社員、行列しているのに儲からない飲食店など、日常で経験する「残念」な例をもとに、誰もが日々の仕事に取り入れられるプライオリティ思考法のエッセンスを紹介。

日経プレミアシリーズ 078

人材の複雑方程式

守島基博

成果主義の時代こそフォロワー育成が必要、人的ネットワークが持つ経営上の価値に注目すべき——。様々な人事のジレンマに直面している日本企業。従来の強みを生かしつつ変わるためにはどのような発想が必要かを、人材マネジメントの第一人者が明快に解説する。

日経プレミアシリーズ086

人口負荷社会

小峰隆夫

人口に占める働く人の割合の低下が経済にマイナスに作用する、人口負荷社会が到来する日本。少子高齢化先進国として、その動向はアジア各国からも注目されている。人口オーナス（負荷）がもたらす難問をていねいに解説し、どのような処方箋が考えられるのかを、論理的に解説。

日経プレミアシリーズ087

社長でなくても変革は起こせる！

青田卓也

上司に理解がない！　忙しすぎる——「できない」言い訳を考えていても何も生まれない。会社を変えられるのは実態を一番理解しているあなたしかいないのだ。変革提案から周囲をその気にさせる裏技まで、現場を自ら変えたその実体験に基づく、コンサルタントには書けない超実践ノウハウ。

日経プレミアシリーズ091

負け組が勝つ時代

布施克彦

勝者よりも賢者になろう！　競争人生に明け暮れても、豊かな将来は保証されない。「自分は敗者」と開き直って、「島国根性」「後ろ向き思考」を武器にすれば、生き方の軸が見えてくる。混沌の時代、変化の時代に悩む日本人に贈る、とびきりユニークな人生論。

日経プレミアシリーズ 092

2020年、日本が破綻する日

小黒一正

公的債務が膨らみ続ける日本……。財政は債務超過状態に陥り、破綻の危機が迫る。残された時間は少ない。どんな手を打つべきなのか。気鋭の研究者が、財政危機の現状を詳細に説明し、社会保障制度改革など再生のプランを具体的に提案する。

日経プレミアシリーズ 097

梅棹忠夫　語る

梅棹忠夫・小山修三

他人のまねをして何がおもしろい?——未知なるものにあこがれ、自分の足で歩いて確かめ、自分の目で見て観察し、自分の頭で考える。オリジナリティを大事にして、堂々と生きようやないか! 閉塞感・不安感に満ちた現代日本人に向け、「知の巨人」が最後に語った熱きメッセージ。

日経プレミアシリーズ 099

エグゼクティブの悪いくせ

綱島邦夫

軽薄な「現場主義」、「長期的視点」の不在、独自の工夫へのこだわり、企業は人なりで思考停止、率先垂範の悪循環——。これが、日本企業の足を引っ張るリーダーの悪しき「くせ」(思考パターン)だ! グローバル・オペレーション3・0時代に必要なリーダーの資質を明らかにする新・人材育成講座。

日経プレミアシリーズ 112

松下幸之助に学ぶ経営学

加護野忠男

ものをつくる前に人をつくる――。松下電器（現パナソニック）の創業者、松下幸之助の経営の神髄とは何か？　戦略論、組織論に精通した経営学の第一人者が、様々なエピソードを交えて、松下経営の本質を解明する。

日経プレミアシリーズ 116

仕事オンチな働き者

山崎将志

なぜピントのずれた努力を重ねてしまうのか。仕事オンチを脱却するためには、定数aの正しい理解が必要である――洗濯機のガタガタから学ぶヒットの法則、〝人気女優似〟に知るブランド力、話がつまらない人の残念な特徴など、ビジネスシーンその他で使える身近なヒントを紹介する。

日経プレミアシリーズ 117

伸び続ける会社の「ノリ」の法則

遠藤功

リストラ、節約、残業禁止令……日本の職場に「ノリ欠乏症」が蔓延している。ノリが悪いままでは、戦略を練ろうが組織をいじろうが、成果には結びつかない。社員のやる気に火をつけ、みんなで盛り上がり、稼ぎまくる会社に生まれ変わるための「ノリづくり」の手法を紹介する。

日経プレミアシリーズ 054

会社が嫌いになったら読む本

楠木 新

この会社で働き続けていいのか──。
自ら「うつ状態」で休職を経験した著者が、
「こころの定年」を克服した二百人へのインタビュー
から見つけたこと。組織に支配された他律的な人生を、
ゆっくり自分のもとに取り返すヒント。
定価（本体 850 円＋税）

日経プレミアシリーズ 119

「新型うつ」な人々

見波利幸

社員に軽く注意をしたら不調を訴え、
会社に来なくなった。異動や職種転換のあと、やる気をなくし
休みがちに……。多くの相談者をカウンセリングした著者が、
急増する「新型うつ」の実態を
事例から説明するとともに、社員を守る方法や
ストレスマネジメント法まで具体的な対処法を提案する。
定価（本体 850 円＋税）